U0837085

DeepSeek使用指南

大字版

贝拉◎著

電子工業出版社
Publishing House of Electronics Industry
北京 · BEIJING

未经许可，不得以任何方式复制或抄袭本书之部分或全部内容。
版权所有，侵权必究。

图书在版编目（CIP）数据

DeepSeek 使用指南 : 大字版 / 贝拉著. -- 北京 : 电子工业出版社, 2025. 4. -- ISBN 978-7-121-50111-1

Ⅰ. TP18

中国国家版本馆 CIP 数据核字第 2025RT4991 号

责任编辑：黄　菲　　文字编辑：刘　甜
印　　刷：北京瑞禾彩色印刷有限公司
装　　订：北京瑞禾彩色印刷有限公司
出版发行：电子工业出版社
　　　　　北京市海淀区万寿路 173 信箱　邮编：100036
开　　本：880×1230　1/32　印张：7.25　字数：116 千字
版　　次：2025 年 4 月第 1 版
印　　次：2025 年 4 月第 1 次印刷
定　　价：68.00 元

凡所购买电子工业出版社图书有缺损问题，请向购买书店调换。若书店售缺，请与本社发行部联系，联系及邮购电话：（010）88254888，88258888。

质量投诉请发邮件至 zlts@phei.com.cn，盗版侵权举报请发邮件至 dbqq@phei.com.cn。

本书咨询联系方式：1024004410（QQ）。

序言

科技不分年龄，智慧无关岁月。

亲爱的读者朋友们，当您翻开这本书，您已经迈出了与时代同行的勇敢一步。

有人问："让老年人学 AI，是不是太折腾？"我想说，这恰恰是对老年人生命活力的最好肯定。

岁月赋予您智慧与从容，而 DeepSeek 将为您打开数字世界的新大门。这不仅仅是一项技能的学习，更是一种态度的延续——活到老，学到老，永远保持好奇心，永远不与时代脱节。

记得那个学习使用智能手机时的您吗？从最初的犹豫不前，到现在的娴熟操作，每一步都是勇气的体现。学习 DeepSeek 也是如此，慢一点没关系，重要的是您迈出了第一步。

这本书特意为您设计：高清大字便于阅读，图文并茂直观易懂，精选三个实操案例帮您掌握基本操作，每个案例都提供详细操作图文、实际演示、防错贴士和互动练习。同时，本书聚焦五大高频使用场景，从防范诈骗到健康管理，从生活难题到跨代沟通，再到晚年学习创作，每一个场景都贴近您的生活，并提供了专门的提示词，教您如何向 DeepSeek 提出恰当的问题。此外，书中还包含各种实用技巧，让您更熟练、更充分地使用 DeepSeek，轻松享受 AI 带来的便利。

在我们一起探索 DeepSeek 这一智能助手的过程中，有一点非常重要：DeepSeek 虽然能够提供丰富的信息和多样的建议，包括健康养生知识、医学术语解释等，但它并不能替代专业医疗人员的诊断。

在此特别提醒：当您使用 DeepSeek 查询健康相关问题时，请将获得的信息作为参考，而非最终决策依据。无论 AI 的回答多么详尽，在遇到健康问题时，请务必咨询医生或专业医疗人员。AI 可以帮助您更好地理解医学术语，准备就医问题，但它不具备诊断疾病和开具处方的资格。

科技是辅助生活的工具，而非替代专业判断的方案。在享受 AI 带来的便利的同时，请保持理性和谨慎。

别担心出错，这是学习的一部分。多练习，慢慢来，您会发现，原来 AI 如此亲切。DeepSeek 不只是一个工具，更是您的智慧助手，让您在数字时代依然自信、从容。

珍贵的不是技术本身，而是您尝试新事物的勇气和坚持。这本书陪伴您的每一步，就像一位耐心的老友，与您一同探索 AI 的奇妙世界。

让我们一起证明：年龄从不是限制，学习永远没有终点。

祝您阅读愉快，学习顺利！

诚挚地，

贝拉

目录

第一章

认识 DeepSeek

1.1 DeepSeek 的背景和主要功能简介

DeepSeek（杭州深度求索人工智能基础技术研究有限公司）成立于 2023 年 7 月，专注于大语言模型（LLM）的研发与应用。2025 年春节开始，DeepSeek 这一 AI 大模型火爆全球。

您可以把它想象成一个聪明又高效的数字助手。它背后的技术团队研发了一个强大的 AI 大脑，特别擅长解决需要动脑筋的任务，比如解数学题、写代码、分析复杂问题。

它能帮您做什么？

1 有问必答： 无论孩子作业里的数学难题、工作中需要查的资料，还是生活冷知识，它都能快速给出答案，就像 24 小时在线的百科全书。

2 内容创作： 帮您写文章、创作古诗词，提高效率。

3 看图识字： 不仅能读文字，还能理解图片内容，比如识别照片里的文字、分析图表数据。

4 实用工具： 辅助解读医学术语，还能提供旅行攻略、解答政策相关问题等。

简单来说，DeepSeek 功能强大且实用，把曾经高端的 AI 能力变成了现在大家触手可及的日常工具。

1.2 如何下载和登录使用 DeepSeek？

方法一 在手机应用商店下载“DeepSeek”App

❶ 打开您的手机，在屏幕上找到“应用商店”或“应用市场”图标，例如，华为手机的“应用市场”是右侧这个图标。

备注 应用商店 / 应用市场就是下载各种手机 App 的地方。

❷ 点击进入应用商店，在搜索框里输入“DeepSeek”，然后点击“搜索”。

❸ 在搜索结果中找到右侧这个图标的官方版 DeepSeek 应用，点击“安装”按钮。

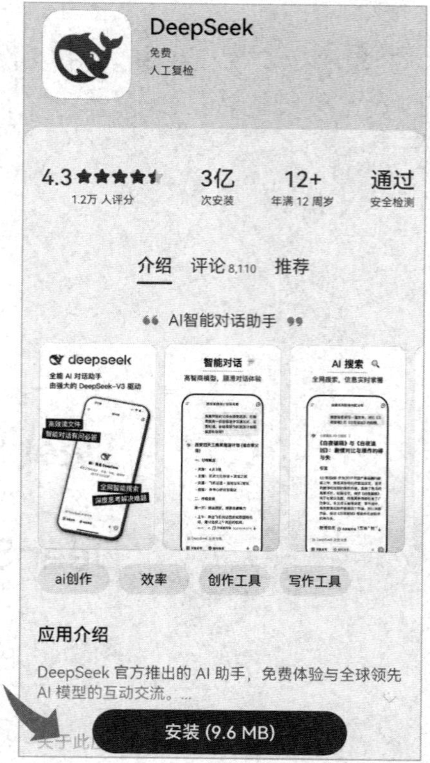

❹ **等待下载完成。** 下载后，我们可以在手机桌面上找到 DeepSeek，并开始使用了。

❺ **登录。**有三种登录方式，选择其中一种即可。

◆ **验证码登录。**

◆ 密码登录。

deepseek
验证码登录
密码登录
你所在地区仅支持 手机号 / 微信 / Apple 登录
+86 手机号
密码
已阅读并同意 用户协议 与 隐私政策
登录
忘记密码

◆ 使用微信登录。

方法二 在微信小程序直接登录使用 DeepSeek

如果不想下载手机 App，也可以通过微信的小程序使用 DeepSeek。操作步骤如下。

❶ 如果您还没有“微信”App，请先参考前面的在手机应用商店下载“DeepSeek”的方法，下载“微信”App。如果您已经下载了“微信”App，请打开微信，点击微信首页顶部的搜索框，在搜索框中输入“DeepSeek 小程序”这几个字，然后点击“搜索”。

❷ 找到蓝色鲸鱼图标的“DeepSeek 小程序”，点击进入。

❸ 点击页面左上角的图标。

❹ 点击“登录”。

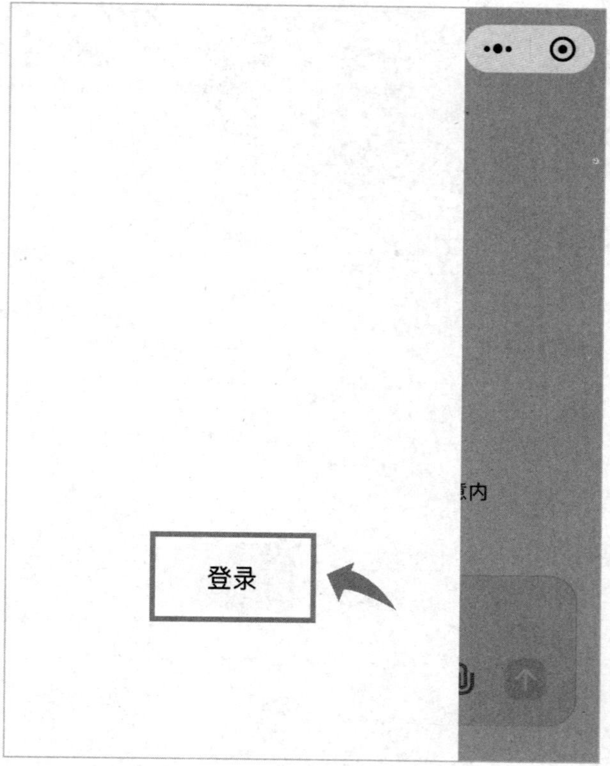

❺ 有三种登录方式，选择其中一种方式进行登录即可（建议使用手机号一键登录）。

◆ **手机号一键登录。**

点击“手机号一键登录”，它就会用你的本机手机号码自动创建账号并登录。

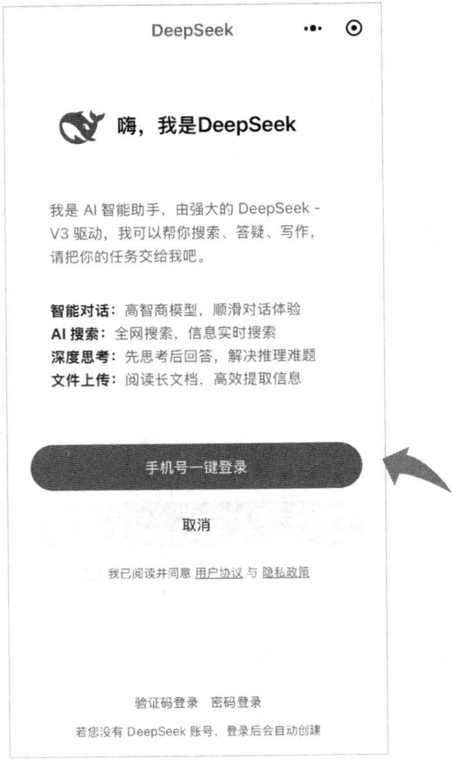

◆ **验证码登录。**

点击页面底部的“验证码登录”文字，点击“请输入手机号码”，会弹出数字键盘，在数字键盘上输入您的手机号码即可。

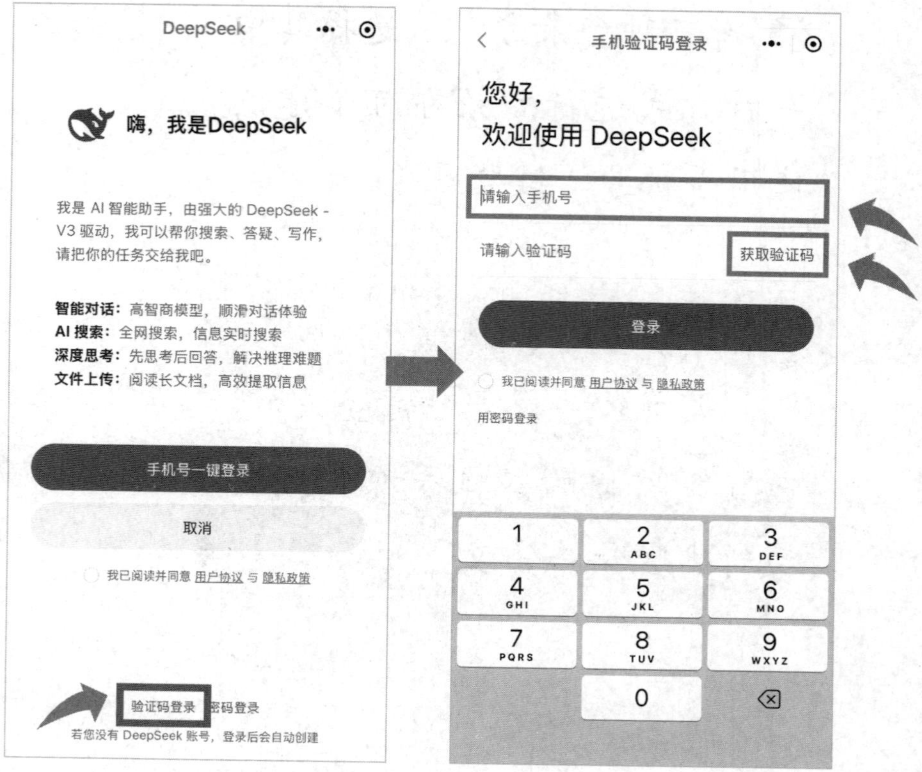

点击“获取验证码”文字，按要求完成验证（比如页面上提示“点击图中最小的圆锥”，那我们就观察这个页面上哪个是最小的圆锥，并进行点击），验证码就会以短信的方式发到我们的手机上。

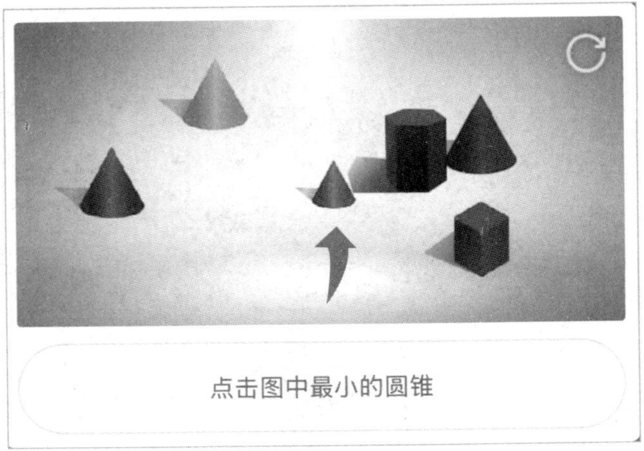

回到手机桌面，点击“短信”，点击以【深度求索】开头的短信内容，查看验证码，记下验证码。

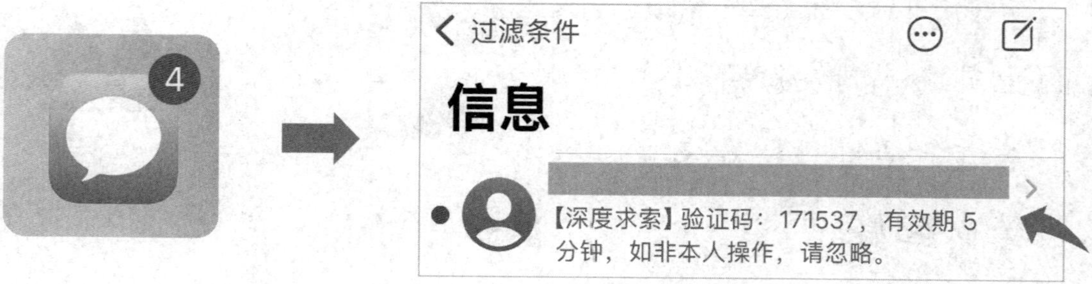

重新打开微信，点击进入“DeepSeek 小程序”，输入您的手机号码，然后在“请输入验证码”的地方输入短信里的 6 位数验证码，在“我已阅读并同意用户协议与隐私政策”前面的圆圈上点一下（勾选上），最后点击“登录”即可。

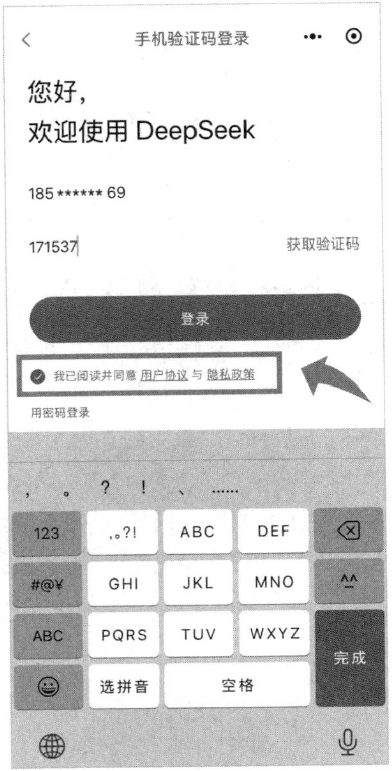

◆ **密码登录。**

点击页面底部的“密码登录”文字，点击“请输入手机号”，会弹出数字键盘，在数字键盘上输入您的手机号码即可。

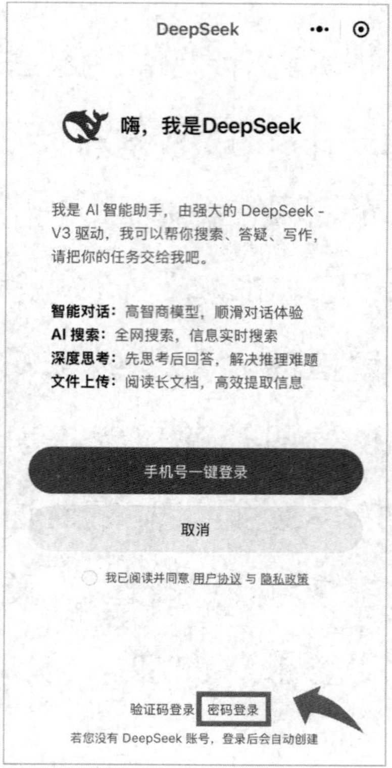

点击“请输入密码”，请设置一个简单易记的密码。在“我已阅读并同意用户协议与隐私政策”前面的圆圈上点一下（勾选上），最后点击“登录”即可。

方法三　电脑版登录

❶ 打开电脑浏览器（以 360 安全浏览器为例）。在百度搜索引擎输入“DeepSeek 官网”查询官网链接，点击进入。

❷ 三种登录方式。

◆ **验证码登录。**

输入手机号，点击“发送验证码”，查看短信，回到 DeepSeek 官网，在“请输入验证码”那里输入您手机收到的验证码，点击“登录”即可。

◆ **密码登录。**

输入手机号或者邮箱地址，在“请输入密码”那里设置一个简单易记的密码，登录即可。

◆ **微信扫码登录。**

在页面右边有个微信二维码，打开您的手机微信，点击页面右上角的一个“圆圈加＋号”的图标。

点击“扫一扫”，用手机摄像头对准二维码进行扫描，点击“登录”即可。

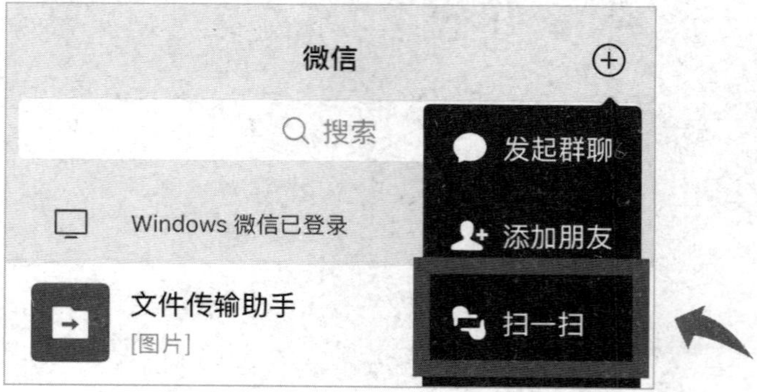

1.3 认识 DeepSeek 的使用界面

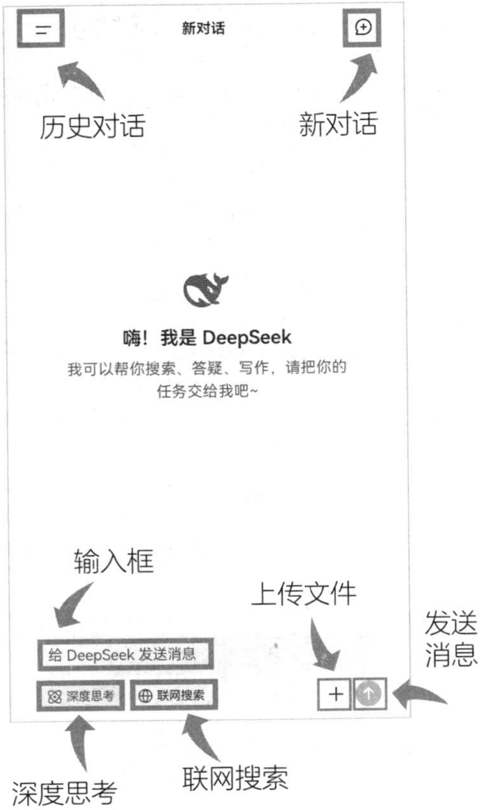

登录 DeepSeek 后，您将看到其简洁的界面。该界面主要有以下几个功能按钮。

1 **新对话：**位于页面右上角，用于新建对话。

2 **历史对话：**位于页面左上角，从这里可以查看以往您和 DeepSeek 的对话记录。点击任意历史对话内容，都可以接着那个话题和 DeepSeek 继续对话。

③ **输入框：**这里是向 DeepSeek 发送指令的地方，您想查什么信息、想让它做什么事情，都需要在输入框里通过指令告诉它。例如，若需查询明天北京的天气信息，可在此输入“明天北京的天气”等相关指令。

④ **发送消息：**在输入框中输入指令后，要点击这个“发送消息”按钮，才能将指令发送给 DeepSeek，指挥 DeepSeek 进行工作。

⑤ **联网搜索：**位于输入框下方，该功能使 DeepSeek 能够迅速访问网络资源，为您检索所需信息。

⑥ **深度思考：**这个是 DeepSeek 的高级分析模式，适用于复杂问题处理，如“投资策略与退休规划”等问题。点击这个按钮后，DeepSeek 在回答问题前将进行更为全面深入的分析，为您提供更为详尽的解答。

⑦ **上传文件：**Deep Seek 目前只能识别文字内容。您可以在这里上传各类文档或图像文件，主要有三种形式。

◆ **拍照识文字。**

先点击“上传文件”按钮，再点击“拍照识文字”，您就可以拍任何带文字内容的图片。拍好后点击图片右上角的图标，图片就会上传到 DeepSeek。等待图片解析完成后，DeepSeek 就会读取图片上的文字内容，然后您就可以在输入框中输入指令，对 DeepSeek 进行相关问题的提问了。

◆ **图片识文字。**

先点击“上传文件”按钮，再点击“图片识文字”，会自动跳转到手机相册。选择带文字内容的图片，图片就会上传到 DeepSeek。等待图片解析完成后，DeepSeek 就会读取图片上的文字内容，然后您就可以在输入框中输入指令，对 DeepSeek 进行相关问题的提问了。

◆ **文件**。

先点击“上传文件”按钮，再点击“文件”，会自动跳转到手机文件夹。选择目标文件，文件就会上传到 DeepSeek。等待文件解析完成后，DeepSeek 就会读取文件中的文字内容，然后您就可以在输入框中输入指令，对 DeepSeek 进行相关问题的提问了。

这里支持上传的文件格式有：图片、doc、xls、pdf、txt 等，不支持视频、音频。例如，您可以上传健康检查报告，DeepSeek 将帮您解读各项医学指标或者解析医学名词等。

1.4 DeepSeek 个人中心

打开 DeepSeek 手机 App 并登录后，点击页面左上角的书签图标，再点击页面左下角的人物图标，即可进入个人中心。在个人中心您可以进行以下操作。

查看当前登录的账号信息；查看用户协议、隐私政策、应用权限等；退出登录；删除所有历史对话；删除账户（即注销账户，不要随意点这一项）。

新对话
书签图标
嗨！我是 DeepSeek
我可以帮你搜索、答疑、写作，请把你的
任务交给我吧~
给 DeepSeek 发送消息
深度思考
联网搜索

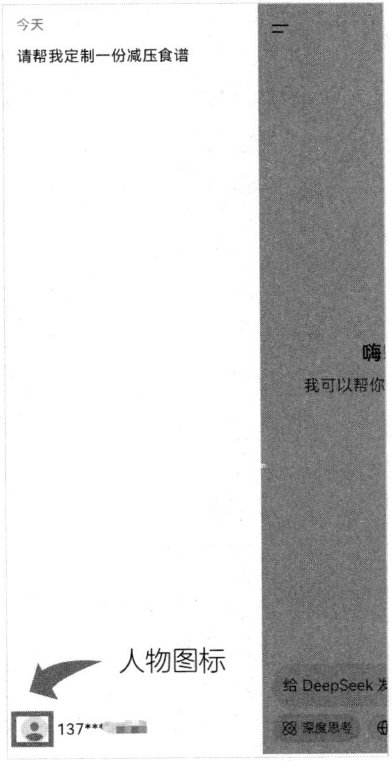

今天
请帮我定制一份减压食谱
人物图标
137***

账户
账户
手机号
137****
微信
已绑定
关于
用户协议
隐私政策
第三方信息共享清单
应用权限
检查更新
1.0.1(29)
联系我们
退出登录
删除所有历史对话
删除账户
模型名称：Deepseek Chat
备案号：Beijing-DeepseekChat-202404280016
浙ICP备2023025841号-3A
App内容由AI生成，请勿从事违反法律法规的活动。
个人中心

第二章

实操案例

2.1 实操案例一：复制其他渠道的内容粘贴至 DeepSeek 提问的场景

场景说明：辨别养生信息真假

许多人经常在微信群中看到各种养生信息。这些信息来源广泛，真假难辨，有些可能是科学的健康建议，有些则可能是没有科学依据的民间偏方或谣言。DeepSeek 可以帮助您辨别这些养生信息的真伪，提供科学的健康建议。

操作步骤

❶ 打开接收到养生信息的微信群或聊天窗口。

❷ 长按选中需要验证的养生知识内容，点击“复制”。

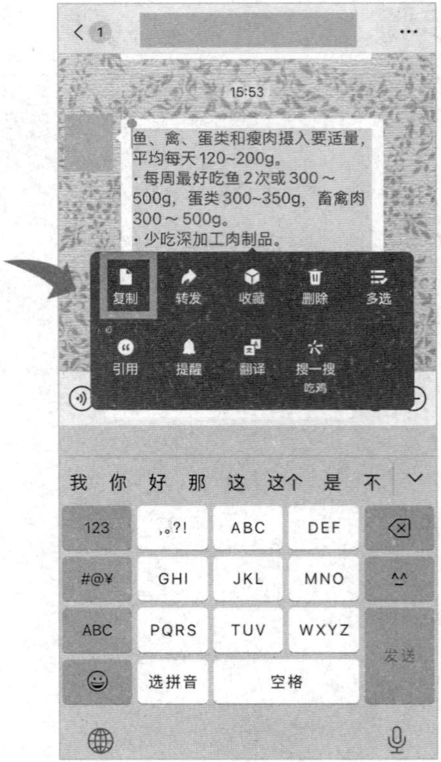

❸ 打开 DeepSeek 应用。

❹ 长按对话框，出现“粘贴”选项，点击将内容粘贴到对话框。

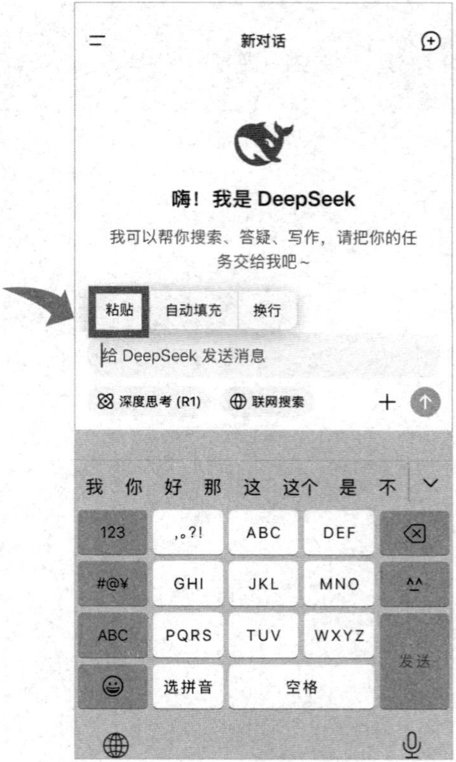

❺ 在粘贴的内容后，添加问题："这个养生方法是否科学可靠？有没有医学依据？"

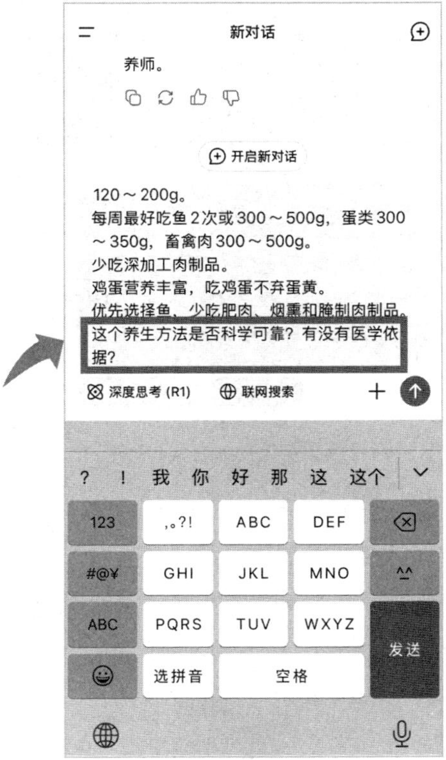

❻ 点击发送按钮，获取 DeepSeek 的分析结果。

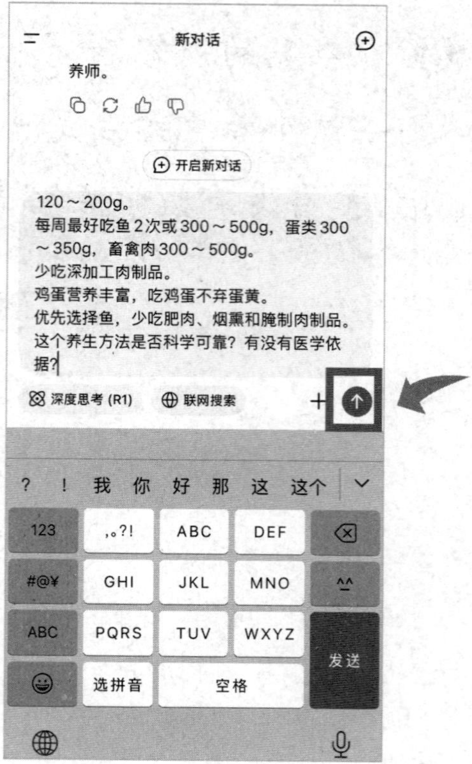

提问示例：

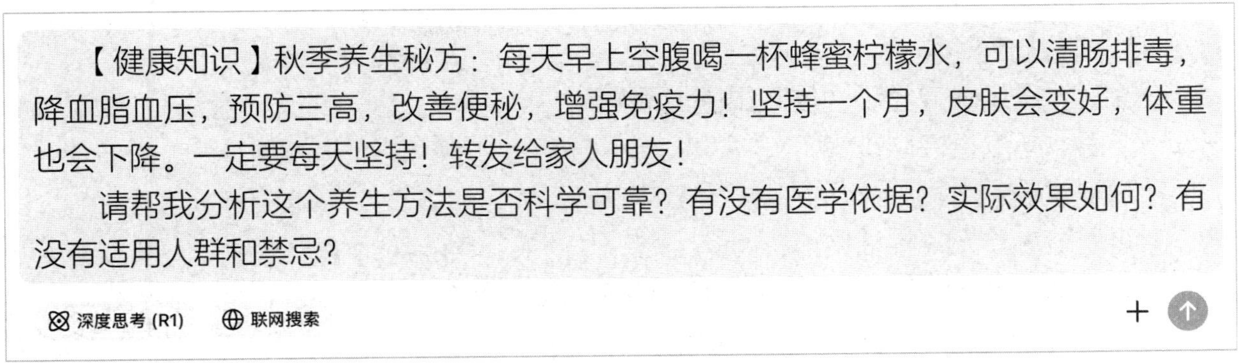

按照以上步骤操作后，您将看到如下结果。DeepSeek 会对您提供的养生信息进行科学分析，指出其中的科学依据和可能存在的误导。

效果展示：

1. 成分与理论依据
蜂蜜：现代研究显示通便效果因人而异
柠檬：无法直接“排毒”
2. 科学依据
清肠排毒：无科学证据
降三高：蜂蜜过量可能升高血糖；柠檬无直接作用
便秘改善：仅对果糖不耐受者可能有效
免疫力：单靠柠檬水效果微弱
3. 需谨慎者
糖尿病患者　胃酸过多 / 胃炎患者　果糖不耐受或肠易激综合征（IBS）患者
4. 科学建议
晨起空腹喝温水　便秘者优先选择高纤维食物或益生菌
该养生法部分益处被夸大，实际效果有限且因人而异，不可替代正规医疗措施。

深度思考 (R1)　联网搜索

从回答中，我们可以看到 DeepSeek 不仅分析了这个养生方法的科学性，还提供了很多建议。(注意：DeepSeek 回复仅供参考，实际执行前请咨询相关专业人士，确认其是否符合您的具体情况。)

小贴士：如果您看到的结果与示例有所不同，不必担心！ DeepSeek 会根据最新信息更新回答，重要的是掌握辨别信息的方法。

通过上面的步骤和实例，我们学习了如何让 DeepSeek 帮助我们辨别养生信息的真伪。关键步骤是复制内容、粘贴到 DeepSeek 并提出明确问题。从效果展示中可以看到，DeepSeek 能够提供较为全面的分析，帮助我们做出更明智的决定。这一技能不仅适用于养生信息，还可以应用到保健品广告识别、社区通知识别等多种场景中。

更多场景

场景 1　分析保健品广告真实性

您可能常收到保健品广告传单或短信，宣称产品有各种神奇功效。您可以将这些宣传内容复制并粘贴到 DeepSeek 中，分辨其真实性。

提问示例：

【××保健品】纯天然草本精华，源自青藏高原，修复骨骼，活化关节，一周见效，三周告别关节痛！无副作用，国家专利产品，院士推荐！

请帮我分析这个保健品广告的真实性，它宣称的功效是否有科学依据？购买前我应该注意什么？

深度思考 (R1)　联网搜索

场景 2 核实社区通知真伪

您可能收到小区物业或社区的各种通知。有时候这些通知可能是虚假的，是诈骗信息。您可以将通知内容复制并粘贴到 DeepSeek 中，辨别真伪。

提问示例：

> 【紧急通知】因小区水管检修，请各位业主于明天上午 10 点前将水费补缴至指定账户：建设银行 6217********，户名：王小区，金额：300 元，逾期将停水。
>
> 请帮我判断这个通知是否可能是诈骗信息？正规的物业缴费通知应该是什么样的？
>
> 深度思考 (R1)　联网搜索

场景 3　查询政策福利信息

您可能会关注养老金、医保等政策福利信息，但网上的相关解读可能不准确或已过时。您可以将信息复制并粘贴到 DeepSeek 中，进行核实。

提问示例：

> 2024 年退休人员养老金上调 6.5%，城乡居民医保个人缴费标准提高到每人每年 500 元，65 岁以上老人可免费乘坐公交车。
>
> 请帮我核实这些信息是否准确。养老金调整和医保政策具体是怎样的？如何查询官方政策？
>
> 深度思考 (R1)　联网搜索

场景 4　分析网购商品评价

您在网购商品时，可能会阅读评价，但有时评价内容可能存在虚假或夸大情况。您可以将评价内容复制并粘贴到 DeepSeek 中，进行分析。

提问示例：

> 这款助听器效果特别好，戴上就能听清楚小声说的话，充一次电可以用一个月，防水防汗，老人用起来特别方便，性价比超高！医院卖的要上万元，这个才几百元，效果一样好！
>
> 请帮我分析这个商品评价是否可信。购买助听器应该注意哪些问题？医用助听器和普通助听器有什么区别？
>
> 深度思考 (R1)　联网搜索

这些场景贴合老年人的日常生活，通过简单的复制、粘贴操作，就能获得 DeepSeek 的专业分析和建议，帮助老年人提高信息辨别能力，避免受到虚假信息的误导。

2.2 实操案例二：需要拍照或添加文件（附件）到 DeepSeek 进行提问的场景

在了解了如何复制、粘贴内容进行提问后，我们来看看 DeepSeek 的另一个强大功能——图片识别和文件解析。这个功能对于老年人尤为实用，特别是当您需要理解药盒上的小字或复杂的文件内容时。

场景说明：了解药盒上的医药信息

很多人需要长期服用多种药物，但药盒上的说明文字往往很小，专业术语也比较多，难以看清或理解。通过 DeepSeek 的拍照功能，您可以直接拍摄药盒，获取清晰的药品信息，包括药物用途、用法用量、禁忌证、不良反应等重要信息。

操作步骤

❶ 打开 DeepSeek 应用。

❷ 点击页面右下角的“+”号图标。

❸ 根据需要选择以下三种方式之一。

选择“拍照识文字”：直接拍摄药盒。

选择“图片识文字”：从相册选择已拍好的药盒照片。

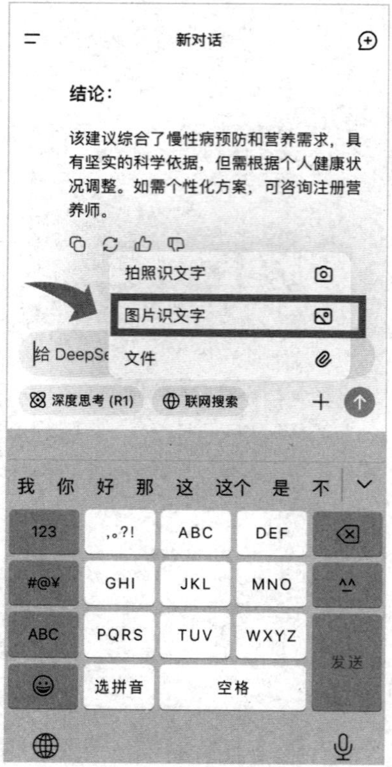

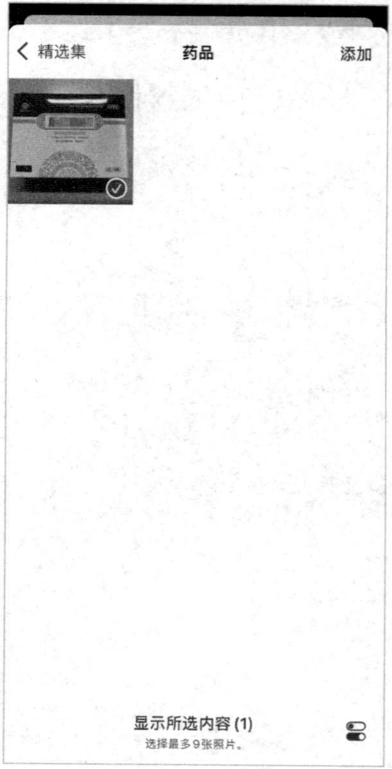

选择“文件”：上传药品说明书 pdf 文件。

❹ 等待 DeepSeek 识别并处理图片或文件内容（当您看到对话框上方出现图片大小“××MB”时，表明您已经成功上传图片）。

❺ 在输入框中输入具体问题，如“请帮我解释这个药的作用和注意事项”。

❻ 点击“发送”按钮，获取 DeepSeek 的详细解答。

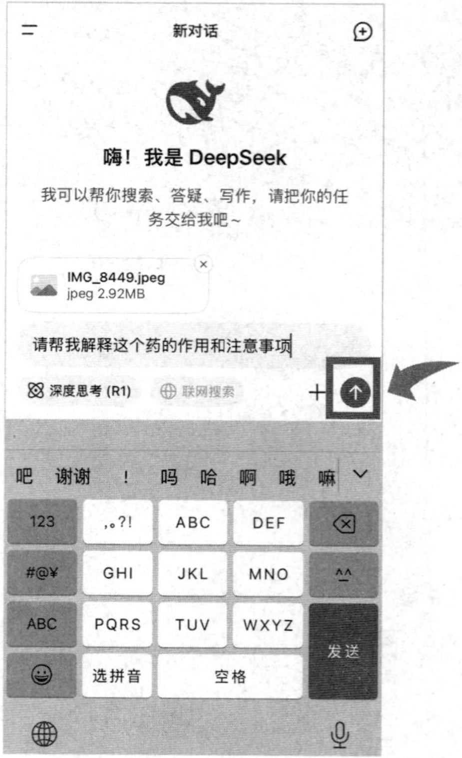

当您完成以上步骤后，DeepSeek 会为您提供清晰易懂的药品信息解读。（注意：DeepSeek 回复仅供参考，实际执行前请咨询相关专业人士，确认其是否符合您的具体情况。）

提问示例：

> （上传药盒照片）
>
> 请帮我解释这个药物的主要作用是什么？服用剂量应该是多少？有哪些需要特别注意的事项？是否有常见的副作用？需要避免和什么药物同时服用？
>
> 深度思考 (R1)　联网搜索

提交这样的问题后，DeepSeek 将帮您分析图片中的文字信息，并给出药品解读，使您能够了解药物信息。

更多场景

场景 1　食品营养成分表分析

老年人在购买食品时，可能需要关注营养成分和适宜人群，尤其是有慢性病，如高血压、糖尿病等的老年人。

操作方式：

- 选择“拍照识文字”，直接拍摄食品包装上的营养成分表和配料表。
- 选择“图片识文字”，从相册中选择已拍好的照片。

提问示例：

> 请分析这个食品的营养成分和配料，它是否适合高血压和糖尿病患者食用？钠含量和糖分含量是否在合理范围内？每天最多可以吃多少？有没有可能对降压药或降糖药产生影响？
>
> 深度思考 (R1)　联网搜索

场景 2　电器使用说明书理解

新购买的电器往往附带复杂的说明书，您可能难以理解其中的技术术语和操作流程。

操作方式：

- 选择“拍照识文字”，拍摄说明书的关键页面。
- 选择“文件”，上传说明书的 pdf 文件。

提问示例：

> 请帮我简要解释这台血压计的使用方法。我应该如何正确测量血压？在测量时需要用什么姿势？测量的时间是多久？如何设置和保存数据？显示的各个数值代表什么含义？
>
> 深度思考 (R1)　联网搜索

场景 3　阅读并理解合同条款

您在签订各类合同（如养老保险合同、医疗保险合同、房屋租赁合同等）时，您可能难以理解合同中的专业术语和法律条款。

操作方式：

- 选择“拍照识文字”，拍摄合同关键条款。
- 选择“文件”，上传合同文件。

提问示例：

> 请帮我解释这份养老保险合同中的主要条款，特别是有关缴费期限、领取条件、收益计算方式等的内容。有没有容易被忽视的重要条款？我需要特别注意哪些权利和义务？
>
> 深度思考 (R1)　联网搜索　+

场景 4　解读水费、电费、气费账单

您收到的水费、电费、气费账单可能包含许多细节和收费项目，理解起来比较困难。

操作方式：

- 选择“拍照识文字”，拍摄账单。
- 选择“图片识文字”，从相册中选择已拍好的账单照片。

提问示例：

请帮我分析这张电费账单。为什么这个月的费用比上个月高？各项收费明细是什么意思？我是否享受了老年人优惠政策？如何节约用电，降低费用？

深度思考 (R1)　联网搜索

场景 5　车票、机票信息查看

您在出行时可能需要理解车票或机票上的各项信息，尤其是电子票。

操作方式：

- 选择“拍照识文字”，拍摄车票或机票照片。
- 选择“图片识文字”，从相册中选择已保存的电子票图片。

提问示例：

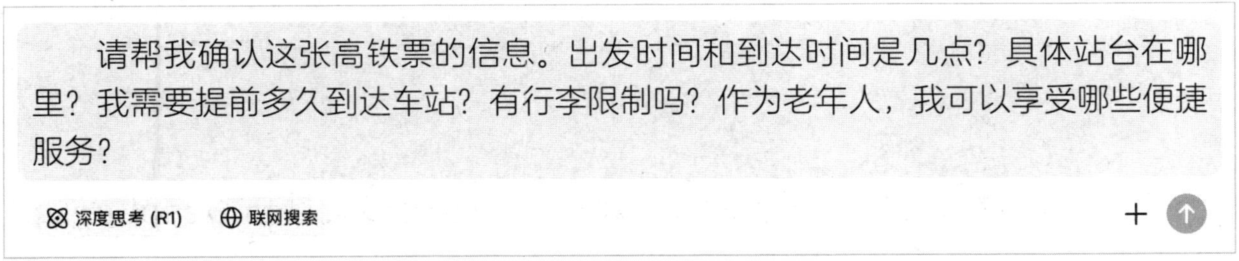

通过这些实用场景，您可以更好地利用 DeepSeek 的拍照和文件上传功能，解决日常生活中遇到的各种文字理解上的难题，提高生活质量和获得便利。每个场景都考虑到了老年人的实际需求，操作简单直观、问题针对性强，让您能够获得清晰的解答。

2.3 实操案例三：需要开启深度思考模式进行提问的场景

前面我们学习了如何通过复制、粘贴和拍照上传文件与 DeepSeek 交流，现在让我们探索更高级的功能——深度思考模式。这个特殊模式能让 AI 进行更深入的思考，为您提供更有深度和创意的回答，特别适合需要创作和深度分析的场景。

场景说明：创作古诗

老年人可能希望创作一首古诗来表达情感、回忆过往，或者在朋友聚会、老年大学活动中展示才艺。使用 DeepSeek 的深度思考模式，您可以获得更加精心构思、更具文学内涵的创作内容。深度思考模式会让 AI 进行更全面、更深入的思考，从而产生更高质量的创作成果。

操作步骤

❶ 打开 DeepSeek 应用。

❷ 在输入框下方的功能区域中，找到并点击“深度思考”这一项。

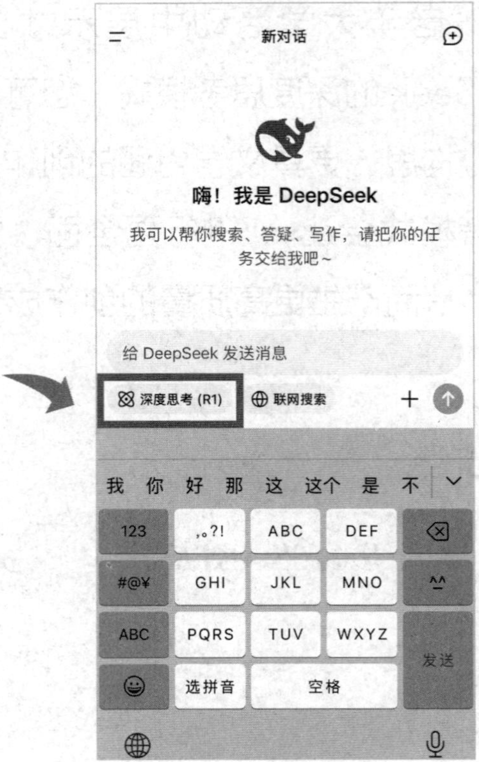

❸ 在输入框中清晰描述您想要创作的古诗类型、主题、风格等要求。

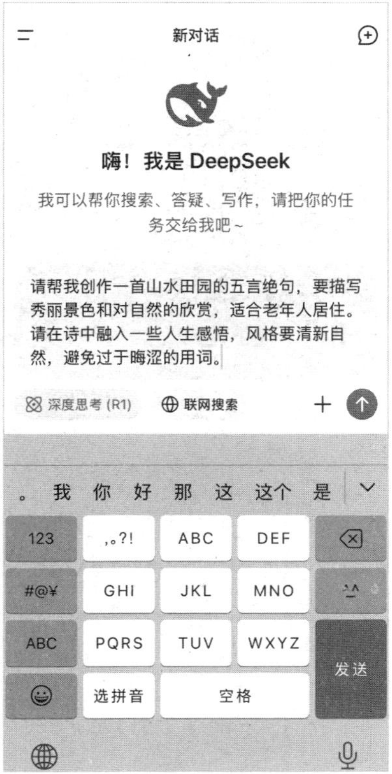

❹ 点击“发送”按钮，耐心等待 DeepSeek 思考并创作（深度思考模式下回答时间会比普通模式长）。

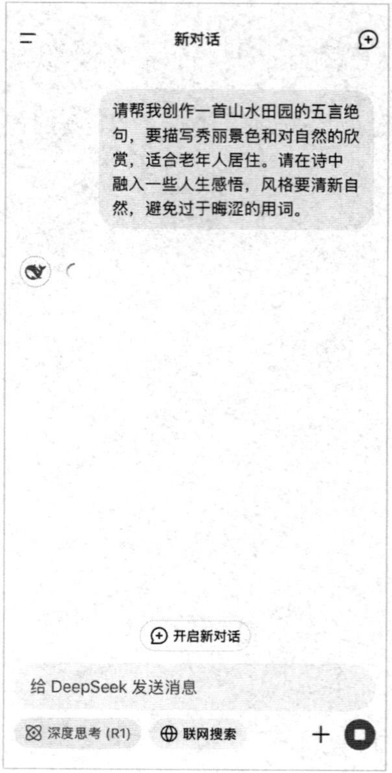

❺ 查看回答，如需调整可继续提问，进行完善。

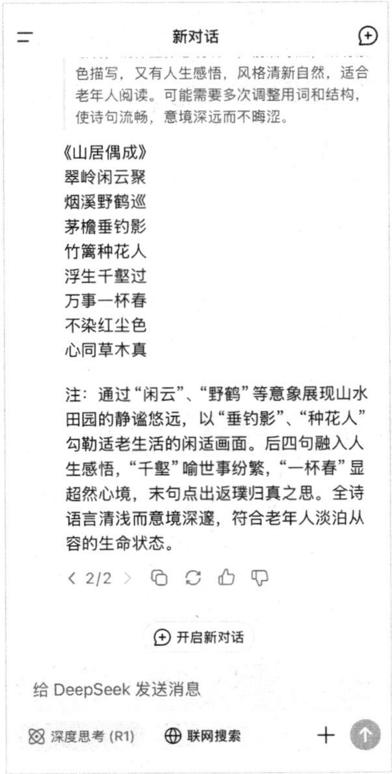

开启深度思考模式后，DeepSeek 将投入更多的思考时间，这就像一位诗人需要静心沉思才能创作佳作一样。请耐心等待，结果往往会让您惊喜。

提问示例：

> 请帮我创作一首描写夕阳下公园散步的五言绝句，要体现出安详宁静的晚年生活氛围和对自然的欣赏。请在诗中融入一些人生感悟，风格要清新自然，避免过于晦涩的用词。
>
> 深度思考 (R1)　联网搜索　+

提交这样的请求后，DeepSeek 会认真分析，然后创作出一首符合要求的五言绝句。诗作不仅会描绘夕阳之下公园的美景，还会融入人生智慧，以简洁优美的语言表达深刻的情感。

效果展示：

用户让我帮忙创作一首五言绝句，主题是夕阳下公园散步，要体现安详宁静的晚年生活和对自然的欣赏，还要融入人生感悟，风格清新自然，避免晦涩。首先，我需要确定五言绝句的结构，四句，每句五个字，押平声韵。

第一句需要点明时间、动作和环境。第二句可以描绘夕阳，比如“斜阳暖欲斜”，既有温度又有动态。第三句引入其他自然元素，如鸟归巢。第四句总结感悟，表达与自然共度晚年的意境。

检查押韵，通常五绝押平声韵，检查第二句和第四句末尾“斜”和“华”是否押韵。润色语言，确保清新自然。最后用“烟霞共岁华”点明主题，自然与岁月交融，表达满足感。检查是否符合五绝的平仄，可能需要调整用词的声调，但用户可能更在意意境。最终确保每句五个字，整体流畅，意境统一。

《晚径闲吟》

徐步林荫道，斜阳暖欲斜。

归鸟梳苍鬓，烟霞共岁华。

深度思考 (R1)　联网搜索

更多场景

深度思考模式不仅适用于创作古诗，还能在许多需要深入思考的场景中发挥重要作用。以下是一些您可能感兴趣的应用场景。

场景 1　撰写回忆录或生活故事

许多老年人希望记录自己的人生经历，留给子孙后代，但可能不知道如何有条理地组织内容。

提问示例：

> 我想记录自己的人生经历，请帮我构思一篇关于我 20 世纪 70 年代在农村插队的经历。当时我 19 岁，从城市来到偏远山区，学习农业技术，经历了许多艰苦但也很有意义的事情。请提供一个详细的写作大纲，语言要朴实感人，能引起共鸣。
>
> 深度思考 (R1)　联网搜索　+

场景 2 准备生日或节日祝福

老年人在家人或朋友过生日、重要节日时，可能想送上一份用心的祝福，但不知道如何表达才能显得真诚而不落俗套。

提问示例：

> 请帮我写一段给我 60 岁老伴的生日祝福。我们已经相守 38 年，共同经历了人生的起起落落。我想对她多年来的默默付出表示感谢，以及表达对未来继续相伴的期待。语言要真挚感人，不要过于华丽，能够体现我们这代人的情感特点。
>
> 深度思考 (R1) 联网搜索

场景 3 解答人生哲理问题

老年人常常会思考人生意义、什么是幸福等哲理问题，希望获得更深入的解答。

提问示例：

请帮我思考这个问题：在人生的晚年，如何看待过去的得失与成败？如何在有限的时间里获得平静和满足？请从东西方哲学角度进行解答，并结合具体的生活实践方式，让我能够更好地调整心态，享受晚年生活。

深度思考 (R1)　联网搜索

场景 4　家庭矛盾调解建议

老年人可能面临与成年子女的代沟问题，或者需要处理家庭关系方面的问题，需要经深思熟虑得出的建议。

提问示例：

请帮我分析如何处理与成年子女之间的代沟。我的儿子认为我过于干涉他家的教育，我经常对孙子的教育提出不同意见，导致我和儿子之间的关系有些紧张。我希望既能维护良好的亲子关系，又能适当参与孙辈的成长。请给出具体可行的沟通技巧和相处之道，避免矛盾升级。

深度思考 (R1)　联网搜索

场景 5　老年兴趣发展规划

许多老年人退休后希望培养新的兴趣爱好，充实晚年生活，但不知道如何系统规划。

提问示例：

> 我今年 65 岁，想学习书法，作为晚年爱好。请使用深度思考模式，为我制订一个详细的书法学习计划。我从未系统学习过书法，但有一定的绘画基础。请告诉我初学者应该掌握的基本知识、练习方法、所需材料、合理的学习进度安排，以及如何逐步提高书法水平。另外，也请考虑我的年龄特点，提供一些适合老年人的学习建议。
>
> 深度思考 (R1)　联网搜索　+

场景 6　撰写社区活动策划方案

很多老年人积极参与社区活动，有时需要撰写活动方案，希望能得到专业、周全的建议。

提问示例：

> 请帮我策划一个适合社区老年人的“健康生活月”活动方案。我是小区老年协会的负责人，希望组织一系列活动来提高社区老年人的生活质量和增加交流机会。请详细规划活动内容、时间安排、所需资源、人员分工、安全保障措施等，并考虑不同身体状况老年人参与的可能性。方案要切实可行，便于向社区居委会进行申请，以获得支持。
>
> 深度思考 (R1)　联网搜索

场景 7　探讨社会热点获得深度观点

老年人常关注社会热点，希望获得更深入的分析和不同角度的观点，以便在老年大学或朋友聚会中更好地进行讨论。

提问示例：

> 请分析当前老龄化社会对中国经济和社会发展的影响。请从养老体系建设、医疗资源分配、代际关系、经济可持续发展等多个角度进行全面分析，既要看到挑战，也要阐述可能的机遇和解决方案。内容要有深度且客观，能够从新颖的视角进行思考，适合在老年大学的时事讨论课上与大家讨论。
>
> 深度思考 (R1)　联网搜索

通过使用 DeepSeek 的深度思考模式，您可以获得更加深入、全面、有价值的回答，更好地解决生活中的复杂问题，丰富精神文化生活，维护家庭和社会关系，实现老有所乐、老有所学、老有所为的美好晚年生活目标。

第三章

五大高频使用场景提示词

在数字时代，AI 已成为连接老年人与现代生活的重要桥梁。本章将详细介绍五大最常见的 DeepSeek 使用场景，为您提供实用的提示词和操作指南，让 AI 成为日常生活中的得力助手。

无论防范诈骗、管理健康、解决生活难题、促进跨代沟通，还是丰富晚年生活，DeepSeek 都能提供贴心的支持和智能的解决方案。每个场景都配有详细的操作步骤、实际案例示范、防错贴士和实操练习，让您能够循序渐进地掌握 AI 应用技巧。

本章涵盖的五大高频场景：

◆ **救命盾牌：破解诈骗困局**　帮助老年人识别短信诈骗、电话诈骗、投资诈骗和虚假信息，提高安全意识，保护个人财产安全。

◆ **健康卫士：健康管理无忧**　提供症状描述与就医指导、养生食谱推荐、医学术语解释、药盒信息解读，以及适合老年人的运动建议。

◆ **智能保姆：生活难题破解** 从简易食谱到缴费指导，从出行导航到旅行攻略，解决日常生活中的各类实际问题。

◆ **亲情桥梁：跨代沟通零距离** 帮助老年人理解网络用语，学习现代通信技能，搜索古诗词和儿歌与孙辈分享，拉近与年轻一代的距离。

◆ **乐龄学堂：晚年精彩在线** 推荐适合老年人欣赏的戏曲，协助创作诗词和对联，提供电影推荐，丰富精神生活。

通过这些场景的学习和实践，您将能够自信地运用 DeepSeek 解决各类问题，享受科技带来的便利，让生活更加丰富多彩。每个场景既可单独学习，也可根据需求灵活组合，打造个性化的 AI 助手体验。

让我们一起步入 AI 的世界，用 DeepSeek 点亮智慧晚年生活！

3.1 救命盾牌：破解诈骗困局

短信链接验真（网络钓鱼检测）

【案例演示操作图文】

1. 复制您收到的可疑短信内容

打开短信，找到您收到的可疑信息，点击该短信，用手指长按短信内容，直到出现复制、转发、删除等选项，点击“复制”按钮。

举个例子，假如这条是可疑信息，点击进入，查看信息详细内容

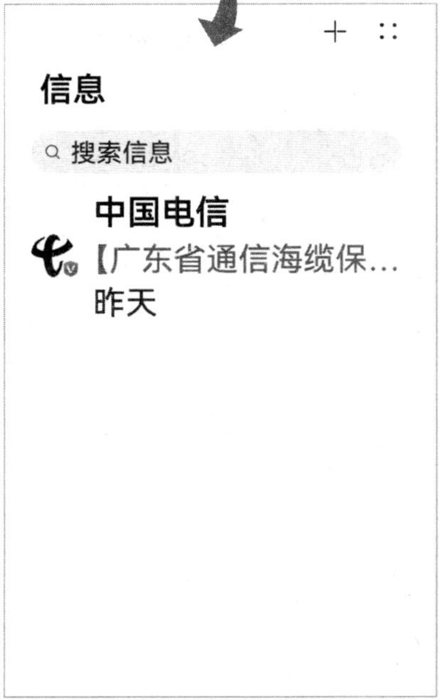

第 1 步：用一根手指长按（一直按着）短信内容，直到短信周围出现“复制、转发、删除、选择文本”等选项

第 2 步：点击“复制”，即可将短信内容复制下来了

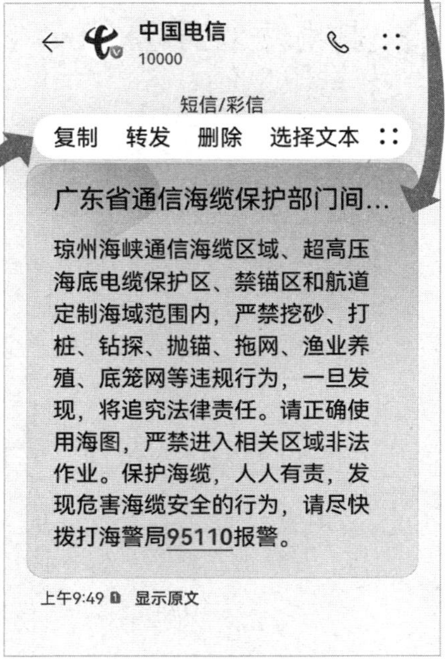

2. 打开 DeepSeek 应用

❶ 点击手机屏幕上的 DeepSeek 图标。

❷ 粘贴短信内容到 DeepSeek 输入框。

点击 DeepSeek 页面底部的输入框，长按输入框，直到输入框上面出现“粘贴”选项。点击“粘贴”，短信内容便粘贴到了 DeepSeek 的输入框。

第 1 步：点击页面底部的输入框，长按输入框，直到输入框上面出现“粘贴”选项

第 2 步：点击“粘贴”，短信内容便粘贴到了输入框里

3. 发送指令进行提问

在粘贴短信内容后，在输入框中打字或手写输入：“请帮我判断这条短信是否安全？链接是否可信？”然后点击“发送”按钮。

在输入框中输入指令“请帮我判断这条短信是否安全？链接是否可信？”

然后点击“发送”按钮进行发送

4. 查看回答

发送指令后，您就会得到 DeepSeek 的回答。

在上述示例中，DeepSeek 的回答如下。

这条短信是**安全的**，且**不包含任何可疑链接**，属于正常的公益警示类通知。以下是详细分析。

1. 内容真实性

- **发送方身份可信：**短信明确标注了发送方为【广东省通信海缆保护部门间联席会议办公室】，该机构名称规范，符合政府部门的命名方式，且职责范围（海缆保护）与内容高度匹配。
- **内容合理：**短信提到的琼州海峡区域确实有重要的通信海缆、超高压电缆等设施，禁止抛锚、拖网等行为是常见的保护措施，与公开的海洋管理规定一致。
- **举报电话正确：**海警报警电话 95110 是官方公开的号码（可通过搜索引擎或政府网站验证），无诱导性陌生号码。

2. 安全性判断

- **无链接或诱导操作：**短信仅提供文字提醒和报警电话，未附带任何网址、二维码，未要求点击链接，避免了钓鱼风险。
- **无敏感信息索取：**未要求回复个人信息、转账或下载 App，纯粹是警示通知。

3. 类似诈骗短信的对比

若短信存在以下特征，则需警惕，但本内容均不涉及。

- 短信号码为个人手机号或境外号码。
- 包含“高额罚款”“账户异常”等恐吓性词语。
- 要求点击链接“在线处理”或填写个人信息。

建议

- **保护海缆：**若在相关海域作业，请遵守规定，避免违规行为。
- **举报方式：**如发现破坏海缆行为，直接拨打 95110（无需通过短信链接）。

这类短信是政府部门常见的公益通知，无需担心安全性，但始终保持对陌生链接的警惕是具有良好安全意识的表现。

【实际案例示范】收到“银行账户异常”短信

短信内容：“【招商银行】尊敬的客户，您的银行账户存在异常，请尽快登录 https://******* 进行身份验证，否则账户将被冻结。”

您可以向 DeepSeek 提问：“请帮我判断这条短信是否安全？链接是否可信？”

【防错贴士】

记住这些安全原则：

- 银行、政府部门通常不会发送含链接的紧急短信
- 正规链接通常使用官方域名（如 ***.com.cn、***.cn 等）
- 当有疑问时，宁可多问一步，也不要急于点击
- 遇到可疑短信，可直接拨打官方客服电话，进行核实

- 在使用 DeepSeek 验证时要注意：
- 完整复制短信全文，包括发送方的名称
- 告知 DeepSeek 短信的背景（何时收到、有无预期等）
- 如对 DeepSeek 的判断不确定，宁可信其有，不可信其无

【实操练习】

请您尝试以下练习：

1. 找到您手机中最近收到的一条含链接的短信
2. 按上述步骤，使用 DeepSeek 验证其安全性
3. 根据 DeepSeek 的分析，判断该短信是否值得信任
4. 记录 DeepSeek 的回答，与家人分享学习心得

学会使用 DeepSeek 验证短信链接，就像在数字世界里为自己安装了一

道防护墙。别担心操作不熟练，慢慢来，多练几次就会熟能生巧。记住，谨慎一点总比后悔一辈子好。保障自己的信息安全，是送给自己最好的礼物！

电话诈骗识别

【场景介绍】

老年人常成为电话诈骗的目标。不法分子可能冒充公检法人员、社保/医保工作人员或亲友，通过电话实施诈骗。使用 DeepSeek 可以帮助您分析可疑电话，提高警惕性。

【操作步骤】

1. 记录电话信息

- 接到可疑电话后，记下来电号码

- 记录对方自称身份和主要对话内容
- 不要急于按对方要求操作或透露个人信息

2. 打开 DeepSeek 应用
   - 点击手机屏幕上的 DeepSeek 图标
   - 点击页面底部的输入框
3. 详细输入问题
   - 在输入框中描述电话中的内容："我接到一通电话，号码是 [电话号码]，对方自称 [身份]，说 [具体内容]。请帮我分析这是否可能是诈骗电话？"
   - 尽量详细描述对方的说法和要求
   - 点击"发送"按钮

4. 查看分析结果

- 仔细查看 DeepSeek 的回答
- 根据分析结果判断是否需要采取进一步行动

【实际案例示范】接到“社保中心”电话

您可以向 DeepSeek 提问：“我今天接到一通电话，对方自称社保中心工作人员，说我的医保卡有异常，需要转账 3000 元进行激活处理，否则将被冻结。这可能是诈骗电话吗？”

【防错贴士】

识别电话诈骗的关键提示：

- 政府部门（公安、法院、检察院）不会通过电话要求转账或提供银行信息

- 遇到自称亲友急需用钱的电话，先通过其他渠道进行确认
- 陌生号码来电，声称“中奖”“继承遗产”基本是诈骗
- “不要告诉任何人”，通常是诈骗的特征

在使用 DeepSeek 时：

- 提供完整的对话内容和背景信息
- 如有录音，可以整理成文字，提供给 DeepSeek
- 多询问具体的防范建议和正确的处理方式

【实操练习】

请您完成以下练习：

1. 回忆您最近接到的一个陌生电话或家人提到的可疑来电
2. 使用 DeepSeek 分析该电话的可信度

3. 将 DeepSeek 的分析结果记录下来，作为参考

4. 与家人讨论常见的电话诈骗方式和防范措施

掌握电话诈骗识别技巧，不仅能保护自己，还能提醒家人朋友。记住：宁可多一分警惕，不要少一分谨慎！

投资诈骗警示

【场景介绍】

不法分子常以“高收益、低风险”的投资项目为诱饵，通过微信、电话、投资讲座吸引老年人。DeepSeek 可以帮助您分析投资项目的合理性，识别潜在诈骗风险。

【操作步骤】

1. 记录投资项目信息
   - 记下投资项目的名称、承诺的收益率、投资期限等关键信息
   - 保存对方提供的宣传材料或截图
2. 打开 DeepSeek 应用
   - 点击手机屏幕上的 DeepSeek 图标
   - 点击页面底部的输入框
3. 详细描述投资项目
   - 在输入框中输入："我被推荐了一个投资项目，[项目名称]，承诺的年化收益率 [数字]%，投资期限 [时间]。项目描述为 [详细描述]。请帮我分析这个投资项目是否可信，有哪些风险？"

- 点击“发送”按钮

4. 分析 DeepSeek 的回答
   - 仔细阅读 DeepSeek 提供的风险分析
   - 注意其中的红旗信号和警示点

【实际案例示范】高回报理财产品

您可以向 DeepSeek 提问：“我被推荐了一个投资项目，叫 ××，承诺的年化收益率 15%，投资期限 3 个月，最低投资金额 5000 元。对方说这是一个国家扶持的新能源项目，保本、保息。这个项目可信吗？”

【防错贴士】

识别投资诈骗的关键点：

- 保本、高收益通常是最危险的信号

- 正规投资产品一定会有风险提示，不会承诺稳赚不赔
- 投资前应确认对方是否持有金融监管部门颁发的有效牌照
- 警惕“限时优惠”“名额有限”等制造紧迫感的说辞

在向 DeepSeek 咨询时请注意：

- 提供完整的投资项目信息，包括收益率、期限、最低投资额
- 明确对方的推销渠道和身份
- 如有宣传材料，可摘录关键内容进行分析
- 注意保护个人隐私，不要在提问时介绍自己真实的财务状况

【实操练习】

请您尝试以下练习：

1. 回忆您最近收到的一个投资理财推荐（或向亲友询问）

2. 使用 DeepSeek 分析该投资项目的可信度和风险
3. 记录分析结果，总结投资诈骗的常见特征
4. 与家人分享这些特征，共同提高防范意识

保护好养老钱，是晚年获得幸福的基础。面对“高回报”的诱惑，请记住：天上不会掉馅饼，只会掉陷阱。DeepSeek 能够帮您擦亮双眼，让您不做投资诈骗的受害者！

虚假新闻识别

【场景介绍】

随着智能手机和社交媒体的普及，许多老年人经常在微信群、朋友圈看到各种“惊人”消息和“重要”通知。然而，这些信息中有不少是虚假

新闻或谣言，DeepSeek 可以帮助您辨别信息的真伪。

【操作步骤】

1. 保存可疑信息内容
    - 截图或复制您在社交媒体上看到的可疑消息
    - 记录消息的主要内容和来源
2. 打开 DeepSeek 应用
    - 点击手机屏幕上的 DeepSeek 图标
    - 点击页面底部的输入框
3. 请求分析信息真伪
    - 在输入框中粘贴或输入可疑消息具体内容

- 进行提问："请帮我判断这条信息是否属实？是否是虚假新闻或谣言？"
- 点击"发送"按钮

4. 评估分析结果

- 详细查看 DeepSeek 的分析结果
- 注意其中提到的查证方法和权威信息来源

【实际案例示范】健康谣言

您可以向 DeepSeek 提问："我在微信群里看到这条信息。'紧急通知，最近不要喝雪碧，有人在雪碧里下毒，已经有 3 人死亡。请大家相互转告，越多人知道越好！'这条消息是真的吗？"

【防错贴士】

识别虚假新闻的技巧：

- 检查消息来源：权威媒体和官方机构的信息更可靠
- 查看发布日期：过时的旧闻经常被重新传播
- 注意情绪性语言：真实新闻通常语气客观，不会过分煽动情绪
- 警惕惊人标题：标题越惊人，内容可能越不可靠

在使用 DeepSeek 分析时要注意：

- 尽可能提供完整的原文内容
- 说明您看到此消息的渠道（微信群、朋友圈等）
- 询问如何查证此类信息
- 主动学习辨别真假信息的方法

【实操练习】

请您完成以下练习：

1. 从您的微信群或朋友圈中找一条您怀疑真实性的信息

2. 使用 DeepSeek 分析该信息的真实性

3. 学习 DeepSeek 提供的查证方法

4. 如发现是谣言，可在微信群中礼貌提醒，避免谣言继续传播

保持理性思考，不轻信、不传谣，是数字时代的基本素养。让 DeepSeek 成为您分辨信息的得力助手，避免被虚假信息误导！

3.2 健康卫士：健康管理无忧

症状描述与就医准备

【场景介绍】

老年人经常遇到各种身体不适，但不确定症状的严重程度或应该在哪个科室就诊。DeepSeek 可以根据您描述的症状，提供初步参考意见和就医建议，帮助您做好就医前的准备。

【操作步骤】

1. 整理症状信息

- 记录您的具体症状（如疼痛部位、疼痛程度、性质）

- 注意症状出现的时间、持续时长和是否有加重或缓解情况
- 记录您目前正在服用的药物和已知的健康状况

2. 打开 DeepSeek 应用
   - 点击手机屏幕上的 DeepSeek 图标
   - 点击页面底部的输入框
3. 详细描述症状
   - 在输入框中输入："我 [年龄] 岁，[性别]，最近感觉 [详细描述症状]，持续了 [时间]。这可能是什么问题？我需要去哪个科室就诊？去医院前需要做哪些准备？"
   - 尽量详细描述症状，包括程度、位置、触发因素等
   - 点击"发送"按钮

4. 查看健康建议

• 仔细阅读 DeepSeek 的回答

• 记下就医建议和准备事项

【实际案例示范】关节疼痛

您可以向 DeepSeek 提问：“我 68 岁，女性，最近两周右膝关节疼痛，尤其是上下楼梯时疼痛加重，早晨起床后僵硬感较明显，休息后会缓解一些。我有轻度高血压，目前服用缬沙坦。这可能是什么问题？应该挂哪个科室？就医前需要做哪些准备？”

【防错贴士】

在使用 DeepSeek 获取健康信息时请注意：

• DeepSeek 提供的健康信息仅供参考，不能替代专业医疗建议或诊断

- 出现严重或紧急症状（如胸痛、剧烈头痛、呼吸困难）应立即就医，不要延误
- 在描述症状时要客观准确，避免过度解读或轻描淡写
- 告知 DeepSeek 您的基础疾病和正在服用的药物，以获得更准确的建议

就医准备注意事项：

- 带上身份证、医保卡和近期的检查报告
- 准备一个小本子，记录医生的建议和用药指导
- 如有可能，请家人陪同就医，帮助理解和记忆医嘱
- 事先列出想问医生的问题，避免遗漏重要信息

【实操练习】

请您尝试以下练习：

1. 回忆您或家人最近遇到的一个健康问题（如头痛、消化不良等）
2. 使用 DeepSeek 询问这个症状可能的原因和就医建议
3. 记录 DeepSeek 给出的建议，特别是就医前的准备工作
4. 根据建议制订一个简单的就医计划

掌握正确描述症状的方法，可以帮助您获得更准确的健康建议和更有效的医疗服务。记住，DeepSeek 可以是您的健康参谋，但最终的健康决策应当基于专业医生的诊断和建议。

养生食谱

【场景介绍】

随着年龄的增长，合理的饮食对健康至关重要。针对不同的健康状况和季节，需要调整饮食结构。DeepSeek 可以根据您的年龄、健康状况和个人喜好，推荐适合的养生食谱，帮助您科学养生。

【操作步骤】

1. 明确您的需求

- 思考您的健康状况（如患有高血压、糖尿病、关节炎等）
- 确定您的饮食偏好和禁忌
- 考虑当前季节和气候

2. 打开 DeepSeek 应用
   - 点击手机屏幕上的 DeepSeek 图标
   - 点击页面底部的输入框
3. 详细描述需求
   - 在输入框中输入："我 [年龄] 岁，[性别]，有 [健康状况]，请推荐适合我的 [春 / 夏 / 秋 / 冬] 季养生食谱，要求简单易做。我喜欢 [食物偏好]，不喜欢 [食物禁忌]。"
   - 点击"发送"按钮
4. 保存和使用食谱
   - 仔细阅读 DeepSeek 的回答
   - 可以截屏保存食谱建议

- 尝试按照建议准备健康餐食

【实际案例示范】高血压老人的夏季食谱

您可以向 DeepSeek 提问："我 72 岁，男性，有轻度高血压，血压一般为 145/90，请推荐适合我的夏季养生食谱，要求简单易做。我喜欢鱼类和蔬菜，不太能吃辣。请帮助我控制血压。"

【防错贴士】

在使用 DeepSeek 获取饮食建议时请注意：

- 饮食建议需要结合您的具体健康状况，不要照搬他人的食谱
- 有严重慢性病（如重度高血压、糖尿病、肾脏病）的老人，应在医生指导下调整饮食
- 尝试新的食物要从少量开始，观察是否有不适反应

- DeepSeek 的建议仅供参考，应与医生的饮食指导结合使用

养生饮食的常见注意事项：

- 盲目追求全素食可能导致蛋白质获取不足
- 过分摄入某一种食物，可能造成饮食不均衡
- 认为“纯天然”的食物就一定健康，忽视适量原则
- 如果完全不摄入某类食物（如碳水化合物），可能导致营养不均衡

【实操练习】

请您尝试以下练习：

1. 根据自身健康状况，请 DeepSeek 提供合适的养生食谱

2. 询问 DeepSeek 如何通过饮食改善一个具体的健康问题（如便秘、睡眠差等）

3. 根据 DeepSeek 的建议，尝试准备一道健康养生菜肴

4. 记录下您喜欢的养生食谱，形成自己的健康食谱集

科学饮食是健康长寿的重要基础。让 DeepSeek 成为您的私人营养顾问，在享受美味的同时呵护您的健康！

医学术语解释

【场景介绍】

看病后拿到的检查报告或医生的诊断说明中，常常有许多专业医学术语让人不解。DeepSeek 可以帮助您解释这些专业术语，让您更好地了解自己的健康状况，理解医生的建议。

【操作步骤】

1. 收集需要解释的医学术语
   - 从检查报告、诊断证明或药品说明书中找出不理解的专业术语
   - 记下这些术语的完整拼写和上下文
2. 打开 DeepSeek 应用
   - 点击手机屏幕上的 DeepSeek 图标
   - 点击页面底部的输入框
3. 请求术语解释
   - 在输入框中输入："请帮我解释以下医学术语的含义：[术语列表]。请用通俗易懂的语言解释，最好能告诉我这与我的健康有什么关系。"

- 您也可以提供术语的上下文，如："在我的血液检查报告中，医生说我的 [术语] 偏高，这是什么意思？"
- 点击"发送"按钮

4. 理解和记录解释

- 仔细阅读 DeepSeek 的解释
- 如有需要，可以进一步询问
- 将重要信息记录下来，方便与医生讨论

【实际案例示范】理解检查报告中的术语

您可以向 DeepSeek 提问："我刚拿到体检报告，有个术语不太明白，请用简单的语言解释一下'血脂异常'。这个问题严重吗？我应该如何改善？"

【防错贴士】

在使用 DeepSeek 解释医学术语时请注意：

- 提供尽可能完整、准确的术语，最好直接复制检查报告上的文字
- 在询问时可提供相关数值和参考范围，以获得更精确的解释
- DeepSeek 的解释是一般性的，个人具体情况仍需咨询医生
- DeepSeek 的解释仅作为理解医生建议的辅助，不应用于自我诊断或调整治疗方式

理解医学信息的注意事项：

- 同一术语在不同的检查或疾病中可能重要性不同
- 单一指标异常不一定意味着疾病，医生会综合多项指标进行判断
- 年龄、性别、既往病史都会影响对检查结果的解读

• 如对检查结果有疑问，应直接咨询开具检查结果的医生

【实操练习】

请您尝试以下练习：

1. 从您最近的一份体检报告或药品说明书中，找出 2 ~ 3 个您不熟悉的医学术语

2. 使用 DeepSeek 了解这些术语的含义及相关健康建议

3. 记录下这些解释，并在下次就医时向医生确认您的理解是否正确

4. 根据解释和医生建议，制订相应的健康管理计划

了解医学术语不仅能帮助您更好地了解自己的健康状况，还能促进与医生的有效沟通。让 DeepSeek 做您的医学术语翻译官，专业术语不再难懂！

运动锻炼建议

【场景介绍】

适当运动对老年人的身体健康至关重要，但并非所有运动都适合每个人。DeepSeek 可以根据您的年龄、健康状况和个人偏好，提供安全、合适的运动建议，帮助您保持活力，预防疾病。

【操作步骤】

1. 明确您的健康状况

- 了解自己的基础健康状况，包括慢性疾病、关节问题等
- 明确您的运动偏好和以往运动经验
- 确认您的运动环境和可用设备

2. 打开 DeepSeek 应用

- 点击手机屏幕上的 DeepSeek 图标
- 点击页面底部的输入框

3. 详细描述您的需求

- 在输入框中输入："我 [年龄] 岁，[性别]，有 [健康状况]，想了解适合我的运动方式。我以前 [运动经历]，喜欢 [活动偏好]。请介绍一些安全有效的运动方案和注意事项。"
- 点击"发送"按钮

4. 制订运动计划

- 仔细阅读 DeepSeek 的建议
- 从简单的运动开始，逐渐增加强度

- 记录您的运动计划和感受

【实际案例示范】关节问题老年人的运动建议

您可以向 DeepSeek 提问："我今年 65 岁，女性，有轻度膝关节炎和高血压，血压目前以药物控制，比较稳定。我想进行运动来保持健康，以前喜欢散步，但现在走路超过 30 分钟膝盖会不舒服。我住在有花园的小区楼房里，附近也有公园。请介绍适合我的运动方式、频率和注意事项。"

【防错贴士】

在使用 DeepSeek 获取运动建议时要注意：

- 详细描述您的健康状况和身体限制
- 说明您的运动偏好和可用的场地设备
- 询问适合您的运动强度、频率和持续时间

- 了解运动中应该注意的异常症状和应对方法

老年人运动的安全注意事项：

- 开始新的运动前，最好先咨询医生，特别是有慢性病的老年人
- 运动过程中如出现胸痛、严重气短、头晕目眩等症状，应立即停止并寻求帮助
- 不要盲目追求高强度，适合自己的才是最好的
- 运动环境要安全，避免湿滑地面、不平路面等会带来跌倒风险的环境
- 不要空腹运动，但也不要在饱食后立即运动

【实操练习】

请您尝试以下练习：

1. 根据自身健康状况，向 DeepSeek 咨询简易的居家运动

2. 记录 DeepSeek 推荐的运动方式和注意事项

3. 每天尝试完成 10 ~ 15 分钟的轻度运动，如椅子操或简单伸展

4. 写简单的运动日记，记录您的运动情况和身体反应

适当运动是健康长寿的秘诀之一。借助 DeepSeek 的专业建议，找到既安全又有效的运动方式，让身体更健康，让您更有活力！

3.3 智能保姆：生活难题破解

简易食谱推荐、烹饪步骤指导

【场景介绍】

老年人常常面临“今天吃什么”的困扰，或者想用家中现有食材做出美味、可口的饭菜。DeepSeek 可以根据您冰箱里的食材，推荐适合您的简易食谱，并提供详细的烹饪步骤指导，让做饭变得轻松愉快。

【操作步骤】

1. 确认可用食材
   - 查看冰箱和厨房中有哪些可用食材
   - 考虑自己的饮食偏好和健康需求（如低盐、低油等）
   - 确定想做的菜品类型（如家常菜、汤品、面食等）
2. 打开 DeepSeek 应用
   - 点击手机屏幕上的 DeepSeek 图标
   - 点击页面底部的输入框
3. 描述您的需求
   - 在输入框中输入："我冰箱里有 [列出主要食材]，请推荐简单易做又健康的菜，并详细说明烹饪步骤。我希望 [低盐 / 营养均衡 /

适合老年人等需求]。”

- 您也可以指定菜系，如：“请推荐一道简单的川菜 / 粤菜。”
- 点击“发送”按钮

4. 按照指导烹饪

- 仔细阅读 DeepSeek 提供的食谱和操作步骤
- 如有不清楚的地方，可以继续提问
- 尝试按照步骤完成烹饪

【实际案例示范】简易晚餐食谱

您可以向 DeepSeek 提问：“冰箱里现在有西红柿、鸡蛋、小白菜、豆腐和一些剩米饭，我想做一顿简单的晚餐，请推荐 2 ~ 3 道适合老年人的菜，要求健康、低盐、易消化，并详细说明烹饪步骤。”

【防错贴士】

在向 DeepSeek 咨询食谱时的技巧：

- 详细列出您家中现有的主要食材
- 说明健康需求和饮食禁忌（如高血压需低盐、糖尿病需控糖等）
- 提及烹饪工具限制（如只有微波炉、不会操作压力锅等）
- 注明烹饪难度和预期花费时间

老年人烹饪安全注意事项：

- 烹饪前确保灶台周围无易燃物品，保持厨房通风
- 使用定时器提醒，避免忘记关火
- 地面保持干燥，防止滑倒
- 在用刀具操作时注意安全，可选用护指工具

- 在油烟较大时，戴口罩或开启抽油烟机，保护呼吸系统

【实操练习】

请您尝试以下练习：

1. 查看您家冰箱中现有的 3 ～ 5 种主要食材
2. 向 DeepSeek 提问，请它推荐一道简单易做的菜品
3. 按照 DeepSeek 的指导尝试烹饪
4. 记录烹饪过程中的心得和菜品味道，并与家人分享

美食是生活的一大乐趣，而健康饮食是长寿的重要基础。让 DeepSeek 成为您的私人厨师顾问，享受烹饪的乐趣，品尝健康的美味！

缴费不求人

【场景介绍】

水费、电费、气费、电话费、物业费等各种生活缴费项目繁多，对于不熟悉智能手机操作的老年人来说，可能需要跑多个营业厅或求助他人。DeepSeek 可以提供详细的线上缴费指导，让您足不出户，轻松完成各类缴费。

【操作步骤】

1. 明确缴费需求

- 确定需要缴纳的费用类型（如水费、电费、燃气费等）
- 准备相关账单或用户信息

- 确认您的手机型号（如 iPhone 或某品牌安卓手机）

2. 打开 DeepSeek 应用
   - 点击手机屏幕上的 DeepSeek 图标
   - 点击页面底部的输入框
3. 询问缴费方法
   - 在输入框中输入："请告诉我如何用手机缴纳 [费用类型]。我使用的是 [手机品牌 / 型号]，请提供详细的操作步骤。"
   - 也可以这样询问："我想了解 [地区][费用类型] 的缴费方式，有哪些线上渠道可以缴费？操作步骤是什么？"
   - 点击"发送"按钮

4. 按步骤操作

- 仔细阅读 DeepSeek 提供的缴费指南
- 按照指南一步步操作
- 如遇到困难，可随时向 DeepSeek 请教

【实际案例示范】缴纳电费

您可以向 DeepSeek 提问：“我想用手机缴纳家里的电费，我用的是华为手机，不太会操作 App。请详细告诉我怎么缴费，谢谢！”

【防错贴士】

线上缴费的注意事项：

- 只通过官方 App 或官网进行缴费，不要点击不明短信中的链接
- 在缴费时注意核对户号和金额，避免错缴

- 保存好缴费凭证，以备查询
- 不要随意告诉他人自己的户号、密码等敏感信息
- 如支付金额异常，先向服务商核实，再付款

在向 DeepSeek 咨询缴费事宜时要注意：

- 提供您所在的大致地区（如省份或城市），因为不同地区缴费系统可能有差异
- 询问可用的缴费渠道，选择最适合自己的方式
- 如遇到 App 界面与指导不符，及时向 DeepSeek 反馈，获取更新建议

【实操练习】

请您尝试以下练习：

1. 找出您下个月需要缴纳的一项费用（如水费、电费或物业费）

2. 向 DeepSeek 询问如何使用您的手机缴纳这项费用
3. 按照 DeepSeek 的指导尝试操作，完成查询或缴费
4. 记录下最适合您的缴费方式，以备后续使用

掌握线上缴费技能，让生活更便捷，不必再排队或麻烦家人。让 DeepSeek 成为您的生活小助手，轻松搞定各类缴费难题！

出行导航仪

【场景介绍】

老年人外出不熟悉路线时，可能会感到困惑和焦虑。DeepSeek 可以提供准确的出行路线指导，帮助您了解公交、地铁、打车等多种出行方式，让您出门在外更加从容自信。

【操作步骤】

1. 明确出行需求
   - 确定出发地和目的地
   - 考虑出行时间和您偏爱的交通方式
   - 是否有特殊需求（如避免换乘过多、需要无障碍通道等）
2. 打开 DeepSeek 应用
   - 点击手机屏幕上的 DeepSeek 图标
   - 点击页面底部的输入框
3. 询问出行路线
   - 在输入框中输入："我想从 [出发地] 去 [目的地]，请告诉我最便捷的公交 / 地铁 / 打车路线。出发时间大约是 [时间]，希望 [少

换乘 / 时间短 / 花费少等]。”

- 还可以这样询问：“请教我如何使用 [高德地图 / 百度地图] 导航，我不太会操作。”
- 点击“发送”按钮

4. 记录出行信息

- 仔细阅读 DeepSeek 提供的出行建议
- 可以截图保存关键信息
- 如有需要，可提前下载相关地图 App

【实际案例示范】去医院的路线

您可以向 DeepSeek 提问：“我需要明天上午 9 点去市第一人民医院看病，我住在和平小区。请告诉我乘坐公交车应该怎么去，我行动不太方便，希望换乘少一些。另外，如果打车的话，大概需要多少钱？”

【防错贴士】

老年人出行安全提示：

- 出门携带身份证、老年卡和必要的药物
- 手机保持电量充足，存好家人电话和家庭住址
- 随身携带适量现金和交通卡，以应对各种支付需求
- 复杂路线可提前截图保存或打印出来
- 去不熟悉的地方尽量结伴而行，避免单独前往偏僻之处

在使用 DeepSeek 获取出行指南时要注意：

- 提供准确的出发地和目的地
- 说明出行时间，因为不同时段交通情况差异很大

- 告知特殊需求，如是否行动不便、是否需要无障碍设施等
- 询问备选方案，以应对天气变化或交通拥堵

【实操练习】

请您尝试以下练习：

1. 想一个您近期需要去的地方（如医院、商场或亲友家）
2. 向 DeepSeek 询问从您家到那里的详细路线
3. 如果您使用智能手机，请向 DeepSeek 询问如何使用地图 App 导航
4. 按照 DeepSeek 的建议尝试规划一次出行，并记录遇到的问题和解决方法

掌握出行导航技能，让您行走更自信，生活更独立。让 DeepSeek 成为您的贴身向导，指引您轻松抵达每一个目的地！

旅行攻略

【场景介绍】

老年人旅行需要更周全考虑，包括行程安排、景点选择、交通住宿等。DeepSeek 可以根据老年人的特点和需求，提供贴心的旅行攻略，让您的旅途更加舒适安心。

【操作步骤】

1. 明确旅行计划

- 确定旅行目的地和时间
- 考虑预算、天数和同行人数
- 了解自身健康状况和体力水平

2. 打开 DeepSeek 应用
    - 点击手机屏幕上的 DeepSeek 图标
    - 点击页面底部的输入框
3. 询问旅行建议
    - 在输入框中输入："我计划和 [同伴情况] 去 [目的地] 旅游，准备待 [天数] 天，请推荐适合我们的旅行路线、景点和注意事项。我们的身体状况是 [描述]，偏好 [慢节奏 / 观光等] 的旅行。"
    - 也可以这样询问："请帮我了解 [目的地] 的天气、交通、住宿等实用信息，我们是老年人群体，有哪些需要特别注意的事项？"
    - 点击"发送"按钮

4. 保存旅行攻略

- 仔细阅读 DeepSeek 提供的旅行建议
- 可以截图保存关键信息
- 根据建议，制订详细的旅行计划

【实际案例示范】老年人西安旅游攻略

您可以向 DeepSeek 提问："我和老伴计划去西安旅游 5 天，我们都是 65 岁以上的老年人，身体还算健康但不想走太多路，喜欢历史文化和当地美食。请给我们设计舒适的旅行攻略，包括景点推荐、交通建议、住宿选择和特别注意事项。谢谢！"

【防错贴士】

老年人旅行安全注意事项：

- 出行前咨询医生，确认身体状况适合旅行
- 携带足够的常用药物和简单的医疗用品（如创可贴、体温计等）
- 随身携带紧急联系人信息和简单病史信息
- 选择有医疗保障的旅游保险
- 避免过度劳累，保持规律作息和饮食习惯

在使用 DeepSeek 获取旅行建议时需注意：

- 详细说明自身健康状况和行动能力
- 明确表达旅行偏好（如偏爱美食、自然风光等）
- 询问目的地是否有老年人友好设施（如无障碍通道、电梯等）
- 了解当地医疗条件和紧急救援信息

【实操练习】

请您尝试以下练习：

1. 想一个您想去的旅游目的地（如国内某个城市或景区）

2. 向 DeepSeek 询问该目的地适合老年人的 2 ~ 3 天旅行路线

3. 询问该目的地的交通、住宿和医疗条件

4. 根据 DeepSeek 的建议，制作一份简单的旅行计划表

旅行是丰富晚年生活的良好方式，让 DeepSeek 成为您的贴心旅行顾问，规划一次安全舒适、回忆满满的美好之旅！

3.4 亲情桥梁：跨代沟通零距离

智能翻译工具

【场景介绍】

年轻人的聊天内容中经常出现网络词语，让老年人一头雾水，影响亲子沟通。DeepSeek 可以充当“代际翻译官”，帮助您理解子女、孙辈使用的新奇词语，拉近与年轻一代的距离。

【操作步骤】

1. 收集不理解的词语
    - 记下子女或孙辈聊天中出现的让您不理解的词语
    - 可以截图保存聊天记录中的陌生表达
    - 注意记录词语出现的上下文
2. 打开 DeepSeek 应用
    - 点击手机屏幕上的 DeepSeek 图标
    - 点击页面底部的输入框
3. 请求解释词语含义
    - 在输入框中输入："请帮我解释以下网络词语的意思：[列出不懂的词语]。请用简单易懂的语言解释，最好能举例说明使用场景。"

- 还可以这样提问："我在与孙子 / 孙女聊天时，他 / 她说 '[具体词语或句子]，这是什么意思？我可以用这个词吗？"
- 点击"发送"按钮

4. 理解并学习

- 仔细阅读 DeepSeek 的解释
- 记下关键词语的含义
- 尝试在适当场合使用这些词语，促进与年轻人的沟通

【实际案例示范】理解网络用语

您可以向 DeepSeek 提问："最近我孙子发消息时经常用一些我看不懂的词，请帮我解释一下这些词是什么意思，比如内卷、躺平。年轻人为

什么喜欢用这些词？我可以在回复他时也用这些词吗？”

【防错贴士】

使用网络用语的注意事项：

- 不要过度使用或堆砌网络用语，会显得不自然
- 了解词语的确切含义，避免使用有负面影响或不当含义的词语
- 网络词语变化快，某些词可能很快就过时
- 理解是主要目的，使用是次要的，保持自己的语言风格更重要

在向 DeepSeek 咨询网络用语时要注意：

- 提供词语出现的上下文，有助于获得更准确的解释
- 说明您与使用这些词的年轻人的关系（子女、孙辈等）

- 询问词语的适用场合和可能的替代表达
- 了解词语背后的文化现象和年轻人心理

【实操练习】

请您尝试以下练习：

1. 回忆最近与年轻人聊天时听到的 2 ~ 3 个不熟悉的词语
2. 向 DeepSeek 询问这些词语的含义和使用场合
3. 在下次与年轻人聊天时，尝试适当使用 1 ~ 2 个您学会的网络词语

了解现代网络词语，不仅能帮助您更好地理解年轻人的表达，还能拉近与子女、孙辈的距离。让 DeepSeek 做您的“代际翻译官”，架起沟通的桥梁，享受温馨的家庭时光！

学习新技能

【场景介绍】

当今社会，技术发展迅速，老年人常常面临学习新技能的需求，如使用智能手机进行电子支付。DeepSeek 可以提供简明易懂的教程，帮助您掌握这些现代技能，增强与年轻一代沟通的能力和生活的便捷性。

【操作步骤】

1. 确定学习需求

- 明确您想学习的技能（如微信视频通话、网上购物等）
- 了解您的设备型号（如 iPhone 11、华为 P40 等）
- 明确您的学习基础和难点

2. 打开 DeepSeek 应用
    - 点击手机屏幕上的 DeepSeek 图标
    - 点击页面底部的输入框
3. 提出学习请求
    - 在输入框中输入："请教我如何使用 [应用名称] 的 [具体功能]，我用的是[设备型号]。请用简单的语言解释，最好能有图文步骤。"
    - 也可以这样询问："我想学习 [某项技能]，但不太会操作。请给我一个详细的新手教程，要简单易懂。"
    - 点击"发送"按钮
4. 按步骤学习
    - 仔细阅读 DeepSeek 提供的教程

- 边看边操作，遇到不明白的地方，可以继续提问
- 反复练习，直至熟练

【实际案例示范】学习微信视频通话

您可以向 DeepSeek 提问：“我想学习怎么用微信和远方的子女进行视频通话，我用的是华为手机，不太懂这些操作。请给我一个详细的教程，要简单易懂，最好是一步一步的图文说明。”

【防错贴士】

学习新技能的常见问题：

- 操作过程中不小心点错按钮，可按手机“返回”键回到上一步
- 遇到弹出的权限请求（如“允许访问相机”），请点击“允许”
- 初次使用可能操作缓慢，不要着急，慢慢来

- 如果完全被卡住，可以尝试关闭应用后重新打开
- 如果担心误操作导致严重后果，可先咨询家人

在向 DeepSeek 学习技能时要注意：

- 明确说明您的设备型号和系统版本
- 指出让您感到困难的操作步骤
- 明确您的学习基础，以便获得适合您水平的指导
- 在学习复杂功能时，可将大任务分解为小步骤逐一学习

【实操练习】

请您尝试以下练习：

1. 想一项您想学习的智能手机或电脑技能（如在微信朋友圈发照片、使用在线支付功能等）

2. 向 DeepSeek 详细询问掌握该技能的方法
3. 按照 DeepSeek 提供的步骤尝试操作
4. 记录您遇到的困难，再次向 DeepSeek 请教解决方法

掌握现代技能不仅能让生活更便捷，还能与年轻一代拥有共同话题。让 DeepSeek 成为您的贴心老师，陪伴您一起学习成长，享受科技带来的便利！

搜索古诗词、儿歌给孙辈

【场景介绍】

在与孙辈交流时，分享经典古诗词、有趣儿歌或民间故事是与他们增进感情的好方式。DeepSeek 可以帮助您查找适合不同年龄孩子的文学作

品，提供带有注释和简单解释的内容，让您成为孙辈眼中的“文化宝库”。

【操作步骤】

1. 明确需求

- 明确孙辈的年龄和兴趣
- 确定想要查找的内容（如古诗、儿歌、童谣、寓言故事等）
- 思考是否有特定主题（如季节、节日、动物等）

2. 打开 DeepSeek 应用

- 点击手机屏幕上的 DeepSeek 图标
- 点击页面底部的输入框

3. 提出查询请求

- 在输入框中输入：“请推荐几首适合 [年龄] 孩子的古诗 / 儿歌，

主题是 [主题]。请附上简单解释，便于我给孩子讲解。”

- 还可以这样提问：“我想给 [年龄] 的孙子 / 孙女讲一个 [主题] 的故事，有什么好的推荐？”
- 点击“发送”按钮

4. 保存和分享
   - 仔细阅读 DeepSeek 提供的内容
   - 可以截图保存或记录下来
   - 在适当时机与孙辈分享

【实际案例示范】寻找春天主题的古诗

您可以向 DeepSeek 提问：“我有一个 5 岁的小孙女，她很聪明，对大自然很感兴趣。请推荐几首关于春天的、简单易懂的古诗，最好配上简单的解释和趣味背景，帮助我给她讲解。她刚开始认字，所以诗句不要太长。”

【防错贴士】

给孩子讲解古诗词的注意事项：

- 根据孩子年龄选择合适的内容，不要选择过于晦涩或主题不恰当的作品
- 解释要简单易懂，避免使用孩子不理解的词语
- 不要一次教太多内容，以免使孩子失去兴趣
- 结合图片、手势或故事情境，增强趣味性
- 鼓励孩子发挥想象力，不必拘泥于标准解释
- 赞美孩子的每一点进步，不要过度纠正或批评

- 尊重孩子的兴趣和节奏，不要强迫孩子背诵

在向 DeepSeek 查询儿童文学内容时要注意：

- 说明孩子的具体年龄，以获取最合适的内容
- 提及孩子的兴趣爱好，获取更有针对性的推荐
- 询问如何生动讲解这些内容的方法和技巧
- 可以要求提供相关的活动建议，延伸阅读体验

【实操练习】

请您尝试以下练习：

1. 想一想您孙辈喜欢的主题（如动物、自然、节日等）
2. 向 DeepSeek 询问相关主题的适合孙辈的古诗词或儿歌
3. 尝试用 DeepSeek 推荐的方式，向孙辈讲述一首诗或一个故事

4. 观察孙辈的反应，记录他们特别喜欢的内容，以便下次分享

分享传统文化是祖辈的独特优势，也是与孙辈建立情感纽带的好方式。让 DeepSeek 帮您挑选适合孙辈的经典内容，让您成为孙辈心目中的“故事大王”和“文化传承者”！

3.5 乐龄学堂：晚年精彩在线

戏曲推荐

【场景介绍】

传统戏曲是许多老年人喜爱的艺术形式，但找到优质的戏曲资源和了解相关背景知识并不容易。DeepSeek 可以为您推荐各类戏曲作品，提供经典唱段信息，并告诉您在哪里可以欣赏这些艺术瑰宝。

【操作步骤】

1. 明确喜好

- 确定您感兴趣的戏曲类型（如京剧、越剧、黄梅戏等）
- 考虑您喜欢的表演者或角色类型
- 思考您是否有特定主题或故事偏好

2. 打开 DeepSeek 应用

- 点击手机屏幕上的 DeepSeek 图标
- 点击页面底部的输入框

3. 提出查询需求

- 在输入框中输入："我喜欢 [戏曲类型]，特别喜欢 [演员 / 角色类型 / 故事类型]，请推荐一些经典剧目和精彩唱段，以及告诉我在哪里可以观看。”

- 还可以这样提问：“请介绍 [具体剧目] 的故事背景和精彩唱段，我想更深入了解这部作品。”
- 点击“发送”按钮

4. 保存和欣赏

- 仔细阅读 DeepSeek 提供的戏曲信息
- 记录推荐的作品名称和欣赏渠道
- 按照建议找到并欣赏这些作品

【实际案例示范】京剧推荐

您可以向 DeepSeek 提问：“我非常喜欢京剧，特别欣赏梅兰芳的表演风格。请推荐几部经典的梅派京剧作品，介绍一下剧情和精彩唱段。”

【防错贴士】

欣赏戏曲的注意事项：

- 在初次接触某剧种时，先了解其基本特点和欣赏方法
- 欣赏戏曲需要耐心，不要急于求成
- 优先选择自己感兴趣的题材和演员，逐渐拓展视野
- 记下笔记和自己的感受，有助于加深理解
- 尊重不同流派和表演风格，避免简单比较

在向 DeepSeek 咨询戏曲信息时要注意：

- 明确说明您喜欢的戏曲类型和特定偏好
- 询问演员的代表作品和艺术特点
- 了解戏曲背后的历史和文化背景

- 可寻求适合初次接触戏曲者的欣赏建议

【实操练习】

请您尝试以下练习：

1. 想一想您喜欢的戏曲类型或代表人物

2. 向 DeepSeek 询问相关的经典剧目和演员信息

3. 按照 DeepSeek 的建议，尝试在网上搜索并欣赏一段其推荐的戏曲片段

4. 记录您的感受，并在下次询问时告诉 DeepSeek，获取更符合您喜好的推荐

戏曲艺术是中华文化的瑰宝，也是晚年生活的精神享受。让 DeepSeek 做您的戏曲导游，以便您开启一段充满韵味的艺术之旅！

创作古诗词

【场景介绍】

许多老年人喜爱阅读古诗词，也有创作的兴趣，但对诗词格律和创作技巧不够熟悉。DeepSeek 可以协助您创作符合格律的古诗词，并提供修改建议，让您在晚年生活中体验创作的乐趣，留下属于自己的文学作品。

【操作步骤】

1. 确定创作意向

- 思考您想要表达的主题或情感（如怀旧、思乡、赞美自然等）
- 选择诗歌形式（如五言绝句、七言律诗等）
- 收集相关的素材和灵感（如具体场景、个人经历等）

2. 打开 DeepSeek 应用

- 点击手机屏幕上的 DeepSeek 图标
- 点击页面底部的输入框

3. 提出创作请求

- 在输入框中输入："我想创作一首关于 [主题] 的 [诗歌形式]，请帮我提供一些创作思路和格律要求。"
- 还可以这样提问："我已经写了几句诗，[您的诗句]，请帮我完善并检查格律是否正确。"
- 点击"发送"按钮

4. 完善创作

- 仔细阅读 DeepSeek 提供的建议和范例

- 根据建议修改自己的创作
- 可以多次请教 DeepSeek，直到满意

【实际案例示范】创作思乡诗

您可以向 DeepSeek 提问："我今年 70 岁，退休前是一名教师，现在住在城市里，常常怀念家乡的山水和童年时光。我想创作一首思乡的七言绝句，但不太熟悉格律要求。请给我一些创作思路和指导，最好提供一个示例，帮我理解格律。"

【防错贴士】

创作古诗词的常见问题：

- 平仄失调：可利用声调判断，一三声为仄，二四声为平
- 韵脚不合：确保押韵字属于同一韵部，最好都是平声字

- 字数不稳：七言诗每句必须是七个字，不能多也不能少
- 意境不清：避免堆砌辞藻而忽略表达真情实感
- 用典不当：引用典故要准确，不熟悉的典故应谨慎使用

在向 DeepSeek 请教创作问题时要注意：

- 明确说明您的创作意图和主题
- 提供您已有的创作或思路，便于获得有针对性的指导
- 询问具体的格律要求和修改建议
- 如需参考，可以要求提供类似主题的古诗词范例

【实操练习】

请您尝试以下练习：

1. 选择一个您熟悉的主题（如家乡风景、人生感悟、季节变化等）

2. 尝试写出 2 ~ 4 句初稿，不必过于在意格律

3. 向 DeepSeek 提交您的初稿，请求帮助完善和检查格律

4. 根据建议修改，再次咨询，直至满意

5. 将完成的诗作保存下来，可与家人、朋友分享

创作诗词不仅是对传统文化的传承，也是表达情感、锻炼思维的良好方式。让 DeepSeek 成为您的创作伙伴，便于您在诗词的世界中尽情展现才情与智慧！

写对联

【场景介绍】

对联是中国传统文化的瑰宝，老年人常想在春节或其他喜庆场合书写

或悬挂对联。DeepSeek 可以帮助您创作符合格律、意境优美的对联，让您在节日氛围中展现文化底蕴，也可将创作的对联作为礼物赠予亲友。

【操作步骤】

1. 确定对联需求
    - 明确对联的用途（如寿辰、乔迁等）
    - 考虑是否有特定的主题或要表达的祝福
    - 思考对联的长度（多少字）
2. 打开 DeepSeek 应用
    - 点击手机屏幕上的 DeepSeek 图标
    - 点击页面底部的输入框

3. 提出创作请求

- 在输入框中输入："请帮我创作一副关于 [主题] 的对联，要求 [字数] 字，寓意 [期望的寓意]。"
- 还可以这样提问："我已经想好上联，[您的上联]，请帮我对一个合适的下联。"
- 点击"发送"按钮

4. 选择和修改

- 仔细阅读 DeepSeek 提供的对联内容
- 选择您最满意的一副对联或要求进一步修改
- 可以请教对联的含义和书法建议

【实际案例示范】春节对联

您可以向 DeepSeek 提问："春节快到了，我想在家门口贴一副对联。请帮我创作一副七字春节对联，要喜庆祥和，寓意家庭和睦、万事如意。另外，我姓李，如果能在横批上体现就更好了。"

【防错贴士】

对联创作与使用的注意事项：

- 确保平仄相对：上下联相应位置的字平仄应相反
- 词性相对：上下联相应位置的词性应保持一致
- 内容相关：上下联内容要相关，但不宜重复用相同的词
- 张贴位置：面对大门，上联贴右边，下联贴左边
- 节日结束后（如正月十五后）可以撤下春联，以示对传统的尊重

在向 DeepSeek 咨询对联问题时要注意：

- 明确对联的用途和场合
- 说明期望的字数和主题
- 提出特殊要求，如家族姓氏、行业特色等
- 如果自己有创作想法，可以请 DeepSeek 帮忙完善

【实操练习】

请您尝试以下练习：

1. 想一个您近期需要的对联主题（如寿辰、乔迁等）
2. 向 DeepSeek 描述您的需求和期望
3. 从 DeepSeek 提供的对联中选择您最喜欢的一副
4. 尝试理解对联的含义和对仗关系

5. 如有条件，可以尝试书写对联或请人书写并张贴对联

对联不仅是传统文化的载体，也是表达美好祝福的方式。让 DeepSeek 助您创作雅致对联，增添节日喜庆，宣扬传统文化！

短视频脚本

【场景介绍】

随着短视频平台的普及，许多老年人也希望分享自己的生活、经验和见解。DeepSeek 可以帮助您策划和编写适合拍摄的短视频脚本，让您轻松成为“银发达人”，与家人朋友，甚至更多观众分享您的智慧和生活态度。

【操作步骤】

1. 确定视频主题
    - 思考您擅长的领域（如烹饪、园艺、手工艺等）
    - 确定您想分享的生活经验
    - 确定视频的目标受众（如家人、同龄朋友或年轻人）
2. 打开 DeepSeek 应用
    - 点击手机屏幕上的 DeepSeek 图标
    - 点击页面底部的输入框
3. 请求创作脚本
    - 在输入框中输入："请帮我写一个关于 [主题] 的短视频脚本，时长约[时间]分钟，我想分享[具体内容]。目标受众是[受众群体]。"

- 还可以这样提问："我有一个短视频创意，[您的创意]，请帮我完善成一个详细的拍摄脚本。"
- 点击"发送"按钮

4. 完善和应用

- 仔细阅读 DeepSeek 提供的脚本
- 根据自己的情况调整内容
- 按照脚本进行拍摄和分享

【实际案例示范】分享传统美食制作

您可以向 DeepSeek 提问："我是一位 68 岁的退休阿姨，最拿手的是做传统糕点，特别是重阳糕。我想拍一个短视频，分享我的制作方法，既能让年轻人了解传统美食，也能记录这个传统技艺。请帮我写一个约 3 分钟的短视频脚本，要简单易懂，适合我这样的老年人拍摄，并且能吸引年轻观众。”

【防错贴士】

短视频拍摄的注意事项：

- 选择在光线充足的环境下拍摄，避免逆光或光线太暗
- 说话速度适中，表达清晰，避免过快或含糊不清
- 保持画面稳定，可使用三脚架或请家人协助拍摄
- 拍摄前先进行简单的彩排，熟悉脚本内容
- 视频长度控制在平台推荐范围内，一般 3 ~ 5 分钟为宜

在向 DeepSeek 咨询短视频创作时要注意：

- 明确说明您的擅长领域和想要分享的内容

- 提及目标受众，以便调整语言和内容
- 说明您的拍摄条件和设备情况
- 询问如何简单有效地吸引受众的注意力

【实操练习】

请您尝试以下练习：

1. 思考一项您擅长的技能或想分享的生活经验
2. 向 DeepSeek 询问，获得一个简短的视频脚本
3. 根据脚本准备所需材料或道具
4. 尝试拍摄一个片段，感受短视频创作的乐趣
5. 可以先与家人分享，获得反馈后再发布到社交平台

短视频创作是记录生活、分享经验、联系亲友的现代方式。让 DeepSeek 帮您策划精彩内容，助力您成为备受欢迎的“银发达人”，让您的智慧和经验被更多人知晓！

电影推荐

【场景介绍】

老年人常常希望观看符合自己喜好、年龄和价值观的电影，但面对海量影视作品，往往不知如何选择。DeepSeek 可以根据您的观影偏好、情绪需求或特定主题，推荐适合您欣赏的优质电影，让您的闲暇时光充满艺术氛围。

【操作步骤】

1. 明确观影需求
   - 思考您喜欢的电影类型（如历史、喜剧、家庭片等）
   - 考虑当前的情绪需求（如励志、轻松等）
   - 确定您的特殊偏好（如特定演员、年代或国家的作品）
2. 打开 DeepSeek 应用
   - 点击手机屏幕上的 DeepSeek 图标
   - 点击页面底部的输入框
3. 请求电影推荐
   - 在输入框中输入："请推荐几部适合老年人观看的 [类型] 电影，我喜欢 [具体偏好]，不喜欢 [不喜欢的元素]。"

- 还可以这样提问："我最近看过 [电影名]，很喜欢，请推荐几部类似风格的电影。"
- 点击"发送"按钮

4. 选择和观看

- 仔细阅读 DeepSeek 提供的电影推荐和简介
- 选择感兴趣的电影，了解观看渠道
- 观看后可以向 DeepSeek 分享自己的感受，获取更准确的后续推荐

【实际案例示范】寻找温馨家庭电影

您可以向 DeepSeek 提问："我今年 65 岁，是退休教师，喜欢温馨、充满正能量的电影，尤其喜欢反映家庭关系的故事。最近我看了《小鞋子》，很感动。请推荐 5 ~ 6 部类似的电影，最好是近 20 年的作品，节奏

不要太快，也不要有太多暴力或负面内容。谢谢！”

【防错贴士】

老年人观影的注意事项：

- 选择节奏适中、画面不过于晃动或闪烁的电影，避免视觉不适
- 注意电影分级和内容警示，避免过于惊悚、暴力或令人不适的内容
- 对于外语片，可选择配音版本，减轻看字幕的负担
- 留意影片时长，过长的电影可分次观看，避免疲劳
- 观影环境应光线适中，避免全黑或强光，保护视力

在用 DeepSeek 推荐电影时要注意：

- 明确说明您的喜好、不喜欢的元素和年龄特点
- 提及您近期看过并喜欢的电影，有助于获得更准确的推荐

- 询问电影的核心主题和情感基调，确保符合您的期望
- 了解影片的观看渠道，确保能方便获取

【实操练习】

请您尝试以下练习：

1. 回忆一部您特别喜欢的电影或您喜欢的电影类型
2. 让 DeepSeek 推荐类似风格或主题的电影
3. 从推荐列表中选择一部您感兴趣的电影观看
4. 观影后向 DeepSeek 分享您的感受，获取更多个性化推荐

电影是一扇映照生活、传递智慧的窗口，也是连接不同世代的桥梁。让 DeepSeek 成为您的私人影评顾问，为您的银发生活带来艺术的色彩和思想的启迪！

写诗歌

【场景介绍】

写诗是表达情感、记录生活和锻炼思维的好方式。不同于古体诗词的格律要求，现代诗歌形式更加自由，特别适合老年人抒发情感和记录生活感悟。DeepSeek 可以帮助您创作符合自己风格的诗歌，记录人生思考，留下精神遗产。

【操作步骤】

1. 确定诗歌主题

- 思考您想表达的情感或主题（如对家人的爱、对生活的感悟等）
- 考虑您偏爱的诗歌风格（如抒情、叙事或哲理等）

- 回忆可以融入诗歌的具体经历或意象

2. 打开 DeepSeek 应用
   - 点击手机屏幕上的 DeepSeek 图标
   - 点击页面底部的输入框
3. 提出创作请求
   - 在输入框中输入："请帮我创作一首关于 [主题] 的现代诗，我想表达 [具体情感或想法]，风格最好为 [简洁 / 抒情 / 蕴含哲理等]。"
   - 还可以这样提问："我写了一首诗的开头，[您的诗句]，请帮我完成写作，保持一致的风格和情感。"
   - 点击"发送"按钮

4. 完善和个人化

- 仔细阅读 DeepSeek 提供的诗歌
- 根据自己的情感和经历进行修改
- 可以多次请教 DeepSeek，直至满意

【实际案例示范】表达对孙辈的爱

您可以向 DeepSeek 提问："我是一位 71 岁的退休老人，有两个可爱的小孙子，分别是 5 岁的男孩和 8 岁的男孩。他们经常来我家玩，带给我很多快乐。我想写一首简短的现代诗，表达我对他们的爱和对他们未来的期望。希望诗歌温暖、亲切，有一些生活中的具体场景，但不要太复杂，我想念给他们听。"

【防错贴士】

创作现代诗歌的注意事项：

- 避免刻意堆砌华丽辞藻，真情实感最重要
- 不必严格遵循韵律和格式，现代诗更注重内容和感情
- 具体的意象和场景比抽象的概念更有感染力
- 避免过于晦涩的表达，特别是写给家人的诗
- 个人经历和真实情感是最好的创作素材

在向 DeepSeek 请教诗歌创作时要注意：

- 明确说明您想表达的核心情感和主题
- 提供您喜欢的风格或参考的诗人
- 如果已有初稿，可以请 DeepSeek 提供修改建议

- 多次修改在创作过程中是正常的，不必急于求成

【实操练习】

请您尝试以下练习：

1. 想一个对您有特殊意义的主题（如某个人、某个地方或某段情感）
2. 简单记录几个与这个主题相关的具体场景或回忆
3. 向 DeepSeek 提出创作请求，说明您的主题和情感诉求
4. 根据 DeepSeek 的建议进行修改，直到满意
5. 将完成的诗歌保存下来，也可以与亲友分享

诗歌是心灵的语言，无需华丽辞藻，只要具备真情实感即可。让 DeepSeek 助您表达内心深处的情感，创作属于自己的生命诗篇，为家人和后代留下珍贵的精神遗产！

了解历史事件、历史人物

【场景介绍】

老年人常对历史事件和人物有浓厚兴趣，无论亲身经历的近代史，还是通过阅读了解的古代历史。DeepSeek 可以帮助您了解各个时期的历史事件和人物，提供客观、全面的历史知识，满足您的求知欲和增强您对相关文化的兴趣。

【操作步骤】

1. 确定兴趣

- 思考您感兴趣的历史时期或主题（如某个朝代、某个战争或某次改革）
- 确定您想了解的历史人物或事件

- 明确您关注的具体问题（如背景、影响或评价等）

2. 打开 DeepSeek 应用
    - 点击手机屏幕上的 DeepSeek 图标
    - 点击页面底部的输入框
3. 提出历史问题
    - 在输入框中输入：“请介绍 [历史事件 / 人物] 的背景和影响。”
    - 还可以这样提问：“[历史事件 / 人物] 有哪些不为人知的有趣故事？请用通俗易懂的语言讲述。”
    - 点击“发送”按钮
4. 深入探讨
    - 仔细阅读 DeepSeek 提供的信息

• 可以根据内容提出更深入的问题
• 对感兴趣的部分，请求详细解释

【实际案例示范】了解丝绸之路的相关历史

您可以向 DeepSeek 提问：“我一直对丝绸之路很感兴趣，但了解不多。请介绍丝绸之路的历史背景、重要城市和对世界文明交流的影响。我还想知道有哪些著名的丝绸之路旅行家和他们的故事。请用通俗易懂的语言讲述，不要涵盖太多专业术语。”

【防错贴士】

了解历史信息的注意事项：

• 不同历史资料可能有不同观点，要保持开放心态
• 认知会随着新考古发现和研究而更新

- 区分历史事实与历史解读，前者是客观发生的事件，后者包含主观评价
- 注意历史背景和时代特征，避免用现代观念简单评判历史事件
- 对于重大历史事件，建议从多个角度进行了解

在向 DeepSeek 询问历史知识时要注意：

- 明确您感兴趣的具体时期、人物或事件
- 可以要求简化复杂的历史概念
- 询问历史事件的前因后果和历史影响
- 对感兴趣的细节，可以提出更深入的问题

【实操练习】

请您尝试以下练习：

1. 想一个您一直好奇的历史事件或人物

2. 向 DeepSeek 询问相关的基本情况和有趣细节

3. 基于获得的信息，提出 1 ~ 2 个更深入的问题

历史是人类共同的记忆和财富，了解历史有助于您理解现在、展望未来。让 DeepSeek 成为您探索历史长河的向导，助您开启一段充满智慧的文化之旅！

生活智慧汇编

【场景介绍】

老年人一生积累的经验和智慧是宝贵的精神财富，值得记录和传承。DeepSeek 可以帮助您整理人生经验，将零散的思考和感悟组织成系统的

生活智慧，成为留给后人的精神遗产，也是对自己人生的一次回顾和总结。

【操作步骤】

1. 梳理主题

- 思考您想要分享的人生经验（如家庭、事业、健康等）
- 回忆生活中的关键决策和转折点
- 明确您最想传递给后人的价值观和人生哲理

2. 打开 DeepSeek 应用

- 点击手机屏幕上的 DeepSeek 图标
- 点击页面底部的输入框

3. 提出整理请求

- 在输入框中输入："我想整理一本生活智慧汇编，主要关于 [具体

领域] 的经验。我的核心观点包括 [您的主要观点]，请帮我设计一个合适的结构和写作框架。”

- 还可以这样提问：“我有一些关于 [主题] 的人生感悟，[您的感悟]，请帮我扩展和组织成一篇完整的文章，以便留给后人。”
- 点击“发送”按钮

4. 完善和个人化

- 仔细阅读 DeepSeek 提供的内容
- 根据自己的实际经验补充具体事例
- 调整语言风格，确保符合您的个人表达方式

【实际案例示范】家庭教育经验汇编

您可以向 DeepSeek 提问：“我是一位 70 岁的退休教师，一生教书育

人，也把自己的两个孩子培养成了事业有成的人。我想整理一本关于家庭教育的智慧汇编，留给我的子女和孙辈参考。我认为教育孩子需要尊重个性、以身作则、培养自律和阅读习惯。请帮我设计一个结构合理的框架，并为每个部分提供一些写作建议，让我的经验能够系统地传递下去。”

【防错贴士】

整理生活智慧的注意事项：

- 避免过于教条，注重分享经验而非强加观点
- 平衡成功经验与失败教训，后者往往更有启发性
- 注意时代变迁，某些过去有效的方法可能需要调整
- 避免过度理想化，保持客观和谦虚的态度
- 尊重年轻一代的选择，提供建议而非指令

在向 DeepSeek 请教时要注意：

- 明确说明您想分享的领域经验和核心观点
- 提供具体的生活事例，增强汇编的真实性
- 说明目标读者（如子女、孙辈或更广泛的受众）
- 考虑分享方式（如文字、音频、视频等）

【实操练习】

请您尝试以下练习：

1. 选择您最有经验的一个生活领域（如家庭、健康、人际关系等）

2. 列出 3 ～ 5 条您认为最重要的经验或教训

3. 向 DeepSeek 请求帮助，将这些内容组织成简单的生活智慧，进行分享

人生经验是无价的宝藏，值得系统整理和传承。让 DeepSeek 协助您梳理一生的智慧，留下一份独特的精神遗产，让您的价值观和经验智慧流传后世，成为家族的珍贵财富！

第四章

DeepSeek 使用技巧

4.1 什么情况下要开启深度思考模式？

如果要向 DeepSeek 问一些比较复杂的问题，开启深度思考模式是比较合适的。

DeepSeek 的深度思考模式基于预训练知识库和逻辑推理来对复杂问题进行分析，强调多维度、结构化思考，能模拟人类的思维模式，对问题进行拆解、分析、假设，给出不同情况下的解决方案，使回答更加全面、专业、逻辑严谨。DeepSeek 的深度思考模式适合处理各种复杂推理、代码开发、数学问题等需要深度分析的任务。

以下是一些老年人使用 DeepSeek 的场景，以及需要开启深度思考模式的情况。

- 个性化养生方案制定：若老年人有特定的健康需求和身体状况，如“我患有糖尿病和高血压，还有骨质疏松，帮我制定一个全年的养生方案，包括饮食、运动和作息”，深度思考模式能综合考虑多种因素，给出更精准、合适的方案。

- 书画创作主题构思：若老年人爱好书画，如“我想画一幅以‘岁月静好’为主题的山水画，帮我构思一下画面元素和构图方式”，深度思考模式可让 DeepSeek 更深入地理解主题，提供更有创意和内涵的构思。
- 家族聚会组织安排：当老年人负责组织家族聚会时，如“我要组织一次家族聚会，有 20 多人，包括老人和小孩，想在周末找一个环境好、交通方便，且适合不同年龄段人群活动的地方，帮我推荐一下并制定一个活动流程”，打开深度思考模式能让 DeepSeek 综合考虑各种需求，给出更完善的方案。

右面是一个开启深度思考模式进行提问的示例。

可以看到，DeepSeek 会展示它的思考用时及思考过程，然后给出回答。（点击“用时××秒”后面的倒 v 形符号，可以将思考过程进行折叠或展开。）

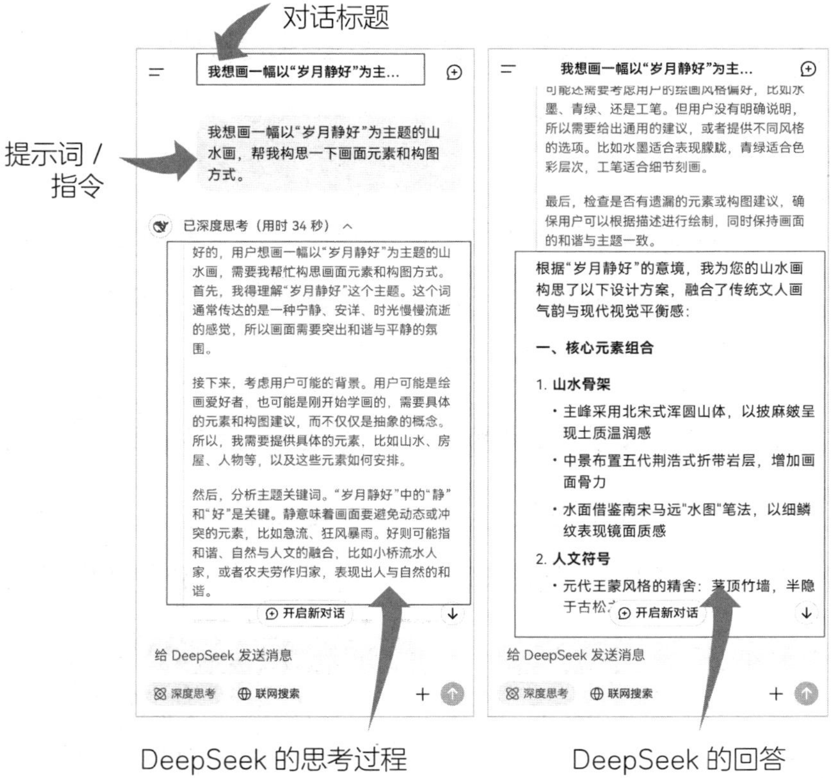

4.2 什么情况下要用联网搜索?

目前 DeepSeek 的系统数据更新到 2024 年 7 月，也就是说，2024 年 7 月以前的信息它可以搜索到，但是 2024 年 7 月以后的信息在它的数据库里是没有的。

因此，如果您要查询的信息是 2024 年 7 月以前的，不用开启联网搜索功能；如果您要查询的信息是 2024 年 7 月以后的，需要最新信息，比如查询“2025 年蛇年春晚的节目单”，那就要开启联网搜索功能了。

以下是一些老年人在使用DeepSeek时需要开启联网搜索功能的场景。

1. 询问“2025 年最新的预防心血管疾病的饮食建议”“最近流行的流感症状及预防流感的方法”。

2. 询问“当前银行的存款利率是多少”“最近的国债发行信息”。

3. 询问“本地到北京最近的高铁时刻表有没有变化”“XX 机场最新的航班延误信息”。

4. 询问“最近有没有新的京剧演出信息”“某部经典老电影在哪个平台可以观看”。

4.3 什么场景下可以上传附件？

在使用 DeepSeek 时，需要关闭联网搜索功能后才能上传附件。关于如何上传附件，在第一章有相关说明。

DeepSeek 支持上传 doc、xls、ppt、pdf 等格式的文档及 png、jpg 等格式的图片，用于信息的提炼与分析，如上传体检报告、银行流水、微信账单、学习资料等，让 DeepSeek 进行处理。

以下是一些老年人在使用 DeepSeek 时可上传附件的场景。

- 健康医疗场景：上传体检报告、化验单，让 DeepSeek 帮助解读各项指标的含义，如血糖、血压、血脂等指标是否正常。也可上传药盒照片，获取详细的用药说明，包括服药剂量、频次、注意事项等（一定要遵医嘱，以医嘱为准）。
- 学习娱乐场景：上传写作作品、诗词照片，让 DeepSeek 进行点评和提出改进建议。也可上传旅游攻略文档，让 DeepSeek 帮忙优化，使其更能满足老年人的出行需求。
- 生活事务场景：上传租房合同、买卖合同等文档，询问 DeepSeek 合同条款是否存在风险、需要注意哪些事项等。也可上传家庭物品清单文档，让DeepSeek帮忙整理分类，或根据清单提供采购建议。

4.4 怎么追问？

追问，是指在已经得到一个回答的基础上，继续提出问题，从而得到更深入、更详细的答案。比如别人告诉你某部电影好看，你接着问“好在哪里呀？是剧情精彩还是画面漂亮呢？”这就是追问，目的是了解更多关于这部电影好看的具体信息。

当我们对 DeepSeek 输出的回答不太满意，或对回答中有不了解的事情，又或者想更深入了解某些内容时，都可以进行追问。

DeepSeek 支持多轮对话，通过追问可以让它进一步理解你的需求，从而提供更准确、更详细的回答。

例如，如果你觉得回答太笼统，可以说“这个答案不够具体，请详细说明”；如果你对某个知识点不理解，可以问“你提到的 XX 概念是什么意思，请解释一下”。

以下是一些具体的追问示例。

1. 要求详细解释：当 DeepSeek 给出关于养生食谱的建议后，您可以追问：“你提到的这个食材搭配，对降血压具体有什么作用，请展开讲讲。”

2. 请求简化或专业表达：若 DeepSeek 讲解的智能设备使用方法过于复杂，您可以说：“讲得太复杂了，能不能说得简单点，让我一听就懂。”要是它在解读体检报告时表述不够专业，您可要求：“请用医生常用的专业术语，再给我解释一遍。”

3. 核实依据：当 DeepSeek 推荐一款新的药品时，您可以追问：“你推荐的这个产品，有没有正规的医学研究作依据？”或者当它介绍旅游景点时，您可以追问：“你说这个景点很适合老年人，是参考了哪些数据得出的结论？”

4. 要求总结：当 DeepSeek 给出一长串子女所在城市的天气信息及出行建议时，您可要求：“用简单几点帮我总结下，我好给孩子转达。”当它分享多个防诈骗要点后，您可以追问：“能不能用三句话把重点说清楚？”

5. 针对特定方面追问：当 DeepSeek 为您规划了一条城市周边一日游路线时，您可以追问：“路线里的景点，需不需要提前预约？门票的票价是多少？”当它给出调理睡眠的建议后，您可以追问：“能不能介绍几个具体的按摩手法？”

4.5 什么时候要重开对话？

遇到以下情况，请重开对话。

- 遇到网络繁忙：当出现“DeepSeek 网络繁忙”的提示时，重开对话可能会连接到不同的服务器实例或会话通道，从而绕过当前的拥堵。
- 回答偏离主题或质量差：如果 DeepSeek 的回答与问题严重不符，或没有达到预期的质量，重开对话后重新组织提问方式，可能会得到更好的回答。

- 切换话题领域：当从一个话题领域突然切换到另一个完全不同的话题领域时，重开对话可以让 DeepSeek 更好地聚焦新话题，避免受到之前对话内容的干扰。
- 对话出现异常中断：如果对话因为软件故障、网络波动等突然中断，重开对话可以重新建立与 DeepSeek 的连接，继续进行问答。

4.6 从哪里查看历史对话？

在 DeepSeek 上查看历史对话的方法如下。

- 网页端：登录 DeepSeek 网页版后，界面左侧有历史记录栏，所有对话都显示在那里，还可点击对话进行重命名，方便查找。

打开边栏，即可看到所有的历史对话

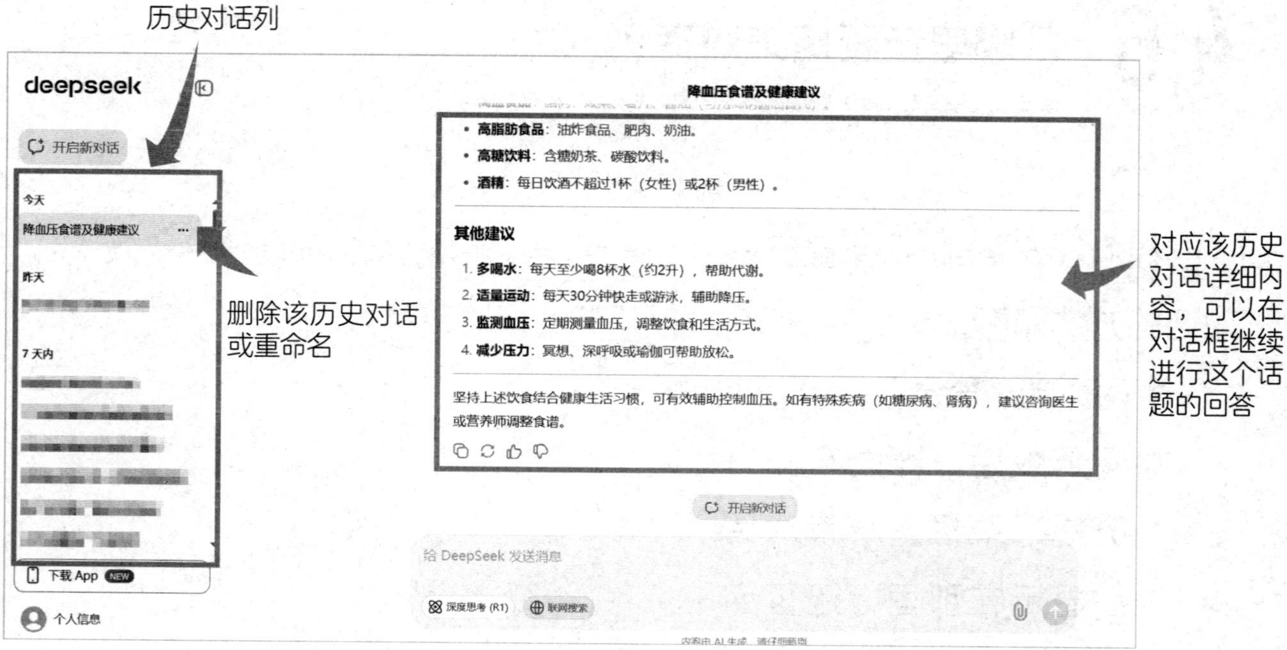
历史对话列
删除该历史对话或重命名
对应该历史对话详细内容，可以在对话框继续进行这个话题的回答
deepseek
开启新对话
今天
降血压食谱及健康建议
昨天
7 天内
下载 App NEW
个人信息
降血压食谱及健康建议
• 高脂肪食品：油炸食品、肥肉、奶油。
• 高糖饮料：含糖奶茶、碳酸饮料。
• 酒精：每日饮酒不超过1杯（女性）或2杯（男性）。
其他建议
1. 多喝水：每天至少喝8杯水（约2升），帮助代谢。
2. 适量运动：每天30分钟快走或游泳，辅助降压。
3. 监测血压：定期测量血压，调整饮食和生活方式。
4. 减少压力：冥想、深呼吸或瑜伽可帮助放松。
坚持上述饮食结合健康生活习惯，可有效辅助控制血压。如有特殊疾病（如糖尿病、肾病），建议咨询医生或营养师调整食谱。
开启新对话
给 DeepSeek 发送消息
深度思考 (R1)
联网搜索

- 手机端：从左向右滑屏幕或点击左上角的菜单按钮，即可查看之前的对话列表。点击某一对话，就能查看该历史对话的内容，也可以在对话框继续进行关于这个话题的问答。长按某一历史对话，可以对其进行删除或重命名。

历史对话

历史对话列

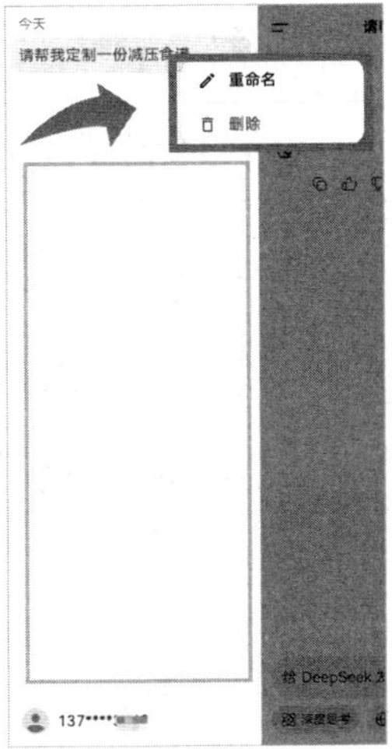

4.7 服务器繁忙怎么处理？

在使用 DeepSeek 过程中，可能会遇到“服务器繁忙，请稍后再试”的情况，可以尝试以下几种做法。

1. 新建对话，重新打开一个对话窗口 .

2. 等待几分钟后，重新打开 DeepSeek 应用。

3. 切换到不同的应用端，比如在手机 App 服务器繁忙时，切换到微信小程序或者网页端。

4.8 为什么有时回答没有内容或者提示“无法回答”？

有时我们提出问题后，DeepSeek 的回答是空白的或者提示“无法回答”，大概率是因为我们的问题太敏感。

一方面，敏感问题可能涉及法律法规、政策限制的内容，DeepSeek 为了遵守相关法律规定，避免传播违法违规信息，不会对这类问题给出回答。例如，涉及国家机密、煽动违法犯罪、侵犯他人隐私等敏感问题，都会被系统识别并限制回答。

另一方面，敏感问题可能违背社会道德伦理或平台规定，DeepSeek 为了维护良好的社会风气和平台秩序，也会对这类问题不予回应。比如，涉及不适当的性内容、歧视性言论等敏感问题，DeepSeek 通常无法回答。

结语

智慧相伴，科技同行

亲爱的爸爸妈妈们，当您合上这本书，希望您已经感受到了科技带来的温暖与便利。DeepSeek 就像您身边的一位知心朋友，随时准备倾听、解答和提供帮助。

年龄从来不是学习的障碍，而是积累智慧的见证。您经历过从书信到电话，从黑白电视到彩色电视的变迁。如今，在 AI 时代，您同样可以优雅地驾驭这些新工具。每一次点击，每一次提问，都是您与时代同行的脚步声。

记住，使用 DeepSeek 没有对错之分，只有不断尝试的乐趣。哪怕是最简单的问题，也值得一问；即使是最小的进步，也值得赞美。

正如古语所说：“活到老，学到老”。在这个信息爆炸的时代，我们不必掌握所有知识，但我们可以知道如何获取知识。DeepSeek 就是这样一把开启知识大门的钥匙，让我们的生活更加丰富多彩。

愿您在数字时代的旅程中，收获更多欢乐、便利与陪伴。科技因您的参与而有温度，生活因您的智慧而更加精彩。